Advent
Advent
Santa hat
verpennt

Astrid Mazur-Schaar

Advent
Advent
Santa hat
verpennt

Gedichte

**Bibliografische Information
der Deutschen Nationalbibliothek**
Die Deutsche Nationalbibliothek verzeichnet diese
Publikation in der Deutschen Nationalbibliografie;
detaillierte bibliografische Daten sind im Internet
über http://dnb.d-nb.de abrufbar.

Impressum

© 2023   Astrid Mazur-Schaar

Herstellung und Verlag:
BoD – Books on Demand, Norderstedt

ISBN 978-3-758303654

*
Dies
Buch ist
gewidmet
den Nikoläusen,
den Santa Cläusen,
den Schlittenziehern,
den Elfen und Wichteln,
den Plätzchenbäckerleuten,
den Christbaumschmücker(inne)n,
gefällten
Bäumen,
verzehrten
Gänsen
und allen anderen

Inhalt

Neulich im Winterwald

Was hab' ich da neulich im Wald entdeckt,
nachts auf der Landstraße, im Lichtkegel verschreckt?

Ein Weihnachtself war es, auf dem Rücken ein Sack.
Man könnte also sagen, er trug huckepack
ein Behältnis aus Stoff. Vielleicht war es Jute.

Ich fragte mich sogleich: »Was macht er hier, der Gute?«

Ich bremste und stieg hurtig aus meinem Wagen,
um den Weihnachtself nach seinem Befinden zu fragen.

»Tut mir leid, Sie zu erschrecken«,
                              wollte ich mich gleich schämen.
»Darf ich Sie dafür vielleicht ein Stückchen mitnehmen?«

Da zog der Wicht mir eins über und sagte:
                              »Autoschlüssel her!«
Das war kein Weihnachtself, nein, das war ein Wegelagerer.

Weihnachtsliedtradition

Wenn die Tradition zur Weihnachtszeit
wieder mal »Das ist langweilig!« schreit,
dann sollte man beim Weihnachtsliedsingen
zum erneuten fröhlichen Stimmungsgelingen
nicht Spotify hören, sondern selbst musizieren
und einen neuen Text vielleicht ausprobieren.

Statt »Ihr Kinderlein kommet«:
Ihr Kinderlein gehet, oh gehet von hier.
Geht runter zum Kiosk und holt ein paar Bier.
Vergesst nicht den Schnaps und die Currywurst,
und vor allem beeilt euch, denn wir haben Durst.

Statt «Leise rieselt der Schnee«:
Leise dieselt der LKW,
dann kracht er beim Hotel ins Foyer.
Drei Passanten macht er gleich kalt,
bevor die Bombe dann auch noch laut knallt.

Statt »Alle Jahre wieder«:
Alle Jahre wieder
spinnt ein Terrorist.
Mäht man ihn beizeiten nieder,
hat die Welt ihn nicht vermisst.

Statt »O Tannenbaum«:
Oh Galgenbaum, oh Galgenbaum,
wer hängt an deinem Balken?
Du bist aus Fichtenholz geschnitzt,
in dem der Borkenkäfer sitzt.
Oh Galgenbaum, oh Galgenbaum,
du wirst nicht lange halten.

So ein neuer Text fürs Weihnachtslied
macht die Feiertage zwar ein wenig morbid.
Vielleicht kommt man so ins Diskutieren,
um sich auf den Geist der Weihnacht
                            wieder zu konzentrieren.
Das Beisammensein ist doch gut gelungen,
hat man zusammen fröhlich gesungen.

O Wunderbaum

(Melodie »O Tannenbaum«)

O Wunderbaum, o Wunderbaum,
wie grün ist deine Pappe.
Du stinkst nicht nur bei uns im Bad,
nein auch im Auto, überm Steuerrad.
O Wunderbaum, o Wunderbaum,
nach frischer Luft ich schnappe.

O Wunderbaum, o Wunderbaum,
wie kann man nur so stinken?
Du bist in Plastik eingeschweißt,
weil dein Gestank in der Nase beißt.
O Wunderbaum, o Wunderbaum,
ich hab' einen empfindlichen Zinken.

O Wunderbaum, o Wunderbaum,
grüner Apfel und Vanille,
das ist doch billigste Chemie.
Von dir kommt manche Allergie.
O Wunderbaum, o Wunderbaum,
du bist eine bittere Pille.

Gespaltene Meinung

Als am Himmel ein weißer Streifen gewesen,
fragte ich mich, ob dort oben Rentiere pesen.
Dieses Ding, das da fliegt am Firmament,
das muss etwas sein, das man von irgendwo her kennt.

Ich glaube, dass Santa Claus das ganze Jahr
da oben herumkreuzt, um zu sehen, wer brav gewesen war.
Wie soll er denn sonst auch an Weihnachten wissen,
wer alles beschenkt werden soll, wen er nicht darf missen.

Und weil Santa mit den Rentieren am Himmel fliegt,
weil er so den besseren Überblick kriegt,
da entstehen die Kondensstreifen. Man sieht sie nur kurz.
So ein Rentier lässt beim Laufen durchaus mal 'nen Furz.

Und Menschen, die keine Ahnung von Santa haben,
die sehen natürlich keine Rentiere traben.
Die behaupten, das wären Flugzeuge mit ihren Aerosolen.
Solche Langweiler kann von mir aus Knecht Ruprecht holen.

Die Nachhaltigkeit von Fake News

Drei Männer aus dem Morgenland,
die untereinander gut bekannt,
weil sie alle im gleichen Sportverein,
die fanden sich zu einem Ausflug ein.

Sie wollten sich nach dem letzten Sandhügel-Rennen
nach der Siegesfeier so schnell noch nicht trennen.
Daher saßen sie noch länger bei Taboulé und Wein,
und dabei fiel ihnen nur Blödsinn ein.

Sie wollten quer durch die Wüste ziehen,
mit Kamelen, die sie sich ausgeliehen.
Kamelverleih war damals sehr weit verbreitet.
Vielleicht hat das die drei Typen verleitet.

Ihr Ziel war, am 6. Januar
(über dieses Datum waren sie sich schnell klar)
einen Stall zu suchen, und damit sich das lohnt,
war Bedingung, dass dieser wäre bewohnt.

Nach ein paar Wochen recht gemütlicher Reise
erreichten sie also auf diese Weise
die Stadt Betlehem, wo sie fanden den Stall.
Das Dach war morsch, es drohte Verfall.

Doch ein Tischler hatte sich mit Frau und Kind
dort eingerichtet, und recht geschwind
hat er das Dach repariert. Der Stall war trocken.
Als die Männer das sahen, begann ein Frohlocken.

Die Nachbarn aber haben sogleich interpretiert,
dass außer der Dachreparatur war noch mehr passiert.
Dieser Grund nämlich erschien allen viel zu banal.
Einer, Melchior, erkannte gleich das Potenzial.

Er wisperte mit seinen Kumpels Kaspar und Balthasar.
Geschichte zu schreiben, das war ihnen klar,
diese Chance konnten sie sich nicht entgehen lassen.
Also begannen sie, eine wilde Story zu verfassen.

Man erklärte das Kindlein für auserkoren
und obendrein noch von einer Jungfrau geboren.
Da war der Tischler ein wenig ungehalten.
Deshalb musste sich noch mehr Wahnwitz entfalten.

Der Bub wurde zu Gottes Sohn erklärt.
So ein Säugling sich in der Regel selten wehrt,
wenn Erwachsene in ihm nur das Beste sehen.
Was das bedeutet, sollte er erst viel später verstehen.

Die Männer reisten auf ihren Kamelen zurück.
Vater, Mutter und Sohn genossen das Glück,
den Stall wieder ganz für sich allein zu haben.
Für Kost und Logis gab es recht seltsame Gaben.

Weihrauch und Myrrhe und eine schräge Geschichte,
die der Stadtschreiber später veröffentlichte.
Das rief jedoch die Obrigkeit auf den Plan,
was dem Sprössling nicht nachhaltig gut bekam.

Bis heute aber wird diese Story erzählt.
Man hat sie sogar für ein Fest ausgewählt,
das jedes Jahr wird mit Geschenken gefeiert.
Nur die Wahrheit, die wird bis heute verschleiert.

Glühwein mit Schuss

Stille Nacht, Stille Nacht,
Stille Nacht. – Still!
Aus tausend Kehlen
klingt es schrill.

Heilige Nacht, Heilige Nacht,
heilig, heilig.
Es ist fast Acht,
jetzt haben wir's eilig.

Die Geschäfte sind
gerade noch offen.
Wir haben den ganzen Tag
Glühwein gesoffen.

Schnell ein Geschenk,
dann ab nach Hause.
Morgen gibt es
die Weihnachtssause.

Fressen, saufen.
Hosianna singen.
Familienknatsch bis die
Glocken klingen.

Heißa, bald ist Fassenacht!
Ups, jetzt hab' ich 'nen falschen Reim gemacht.

Der verliebte Rainer
(Melodie »Leise rieselt der Schnee«)

Rainer bieselt in 'n Schnee,
a Herzerl, so rund und so schee
vorm Haus von sei'm li-abstn Schatz.
Dann schliaßt er sein' Ho-osenlatz.

Wenn sei Liabste am Morgen erwacht
und verschlafen die Äuglein aufmacht,
wead vom Fenster aus sie ja glei seh'n,
was da vorm Haus nachts ist g'scheh'n.

Des is dann am Rainer sei Chance (sprich: Schaas).
Er flüstert: »Schatzl, jetzt sag ho-id was.«
Doch de Gundi hod eam oane knallt,
weil ihr des gelbe Herzerl ned g'fallt.

Da Rainer is jetzt richtig betrübt,
weil er die Gundi do-och so liebt.
Er bieselt weiter Herzerl in 'n Schnee
und hofft, de Gundi find't amal aa oans schee.

So feierte man 2020

Weihnachten im kleinsten Kreis!
Geht das überhaupt? Hier ist der Beweis:
Ich hatte all meine multiplen Persönlichkeiten,
die mich schon mein ganzes Leben begleiten,
über die Feiertage in den Lockdown geschickt.

Keine/r mehr da, um mir ins Wort zu fallen.
Das Beste dabei war aber vor allem,
ich musste nicht »Rocking Around the
                              Christmas Tree« singen
und mit niemandem um das letzte Plätzchen ringen.
So ist Xmas 2020 tatsächlich geglückt.

Silvester wurde es noch etwas schräger.
Das war dann ein richtiger Straßenfeger.
Nix Böller, nix Rakete, kein Massenknutschen,
höchstens Sternwerfer und einen Lolli lutschen.
Wurde Zeit, dass sich dieses Jahr endlich verdrückt'.

Wer hätte sich das ein Jahr vorher gedacht,
dass ein Virus uns so viel Ärger macht?
Da war viel Luft nach oben im neuen Jahr,
damit es besser wurde als das vorherige war.
2020 war doch wirklich verrückt!

O du seliges Fastfood

Es war die Nacht vor der Weihnacht
                              und die Küche mein Hort,
wo ich buk und auch kochte in einem fort.
Seit Stunden schon wirbelte ich mit dem Ziel,
zu ordnen den Saustall, das Chaos, den Müll.

Schon morgen stürmen dreißig Personen das Haus.
Perfekt muss es sein, doch wie seh' ich aus?
An den Füßen nur Blasen, geschwollen die Beine,
bekleckert voll Eier, und Frisur hab' ich keine.

Es klopft an der Tür, das Telefon läutet,
der Kühlschrank, der tropft und der Ofen sich häutet.
Es werfen sich Blasen am heißen Emaille
und ich bete: Hoffentlich bleibt mir der Kuchen drin heil.

Das Kochbuch versaut voll Krümel und Schmalz.
Mein Mann nur besoffen, während ich die Suppe versalz'.
Er sieht nicht meinen Zustand, meine Not, meine Pein,
sagt stattdessen: »Ach, schenk dir von der Bowle auch ein.«

Dann sieht er sich um und mit Staunen naiv
lallt er mich an, wieso ich heut so lang schlief.
Denn hier sieht es ja aus, als wär' noch nichts bereit.
Da wollt' ich ihn töten.
                              Doch in der Hast warf ich das Messer zu weit.

Er floh gleich von dannen, die Angst groß im Nacken.
Mit dem Messer ich nach, ich wollte ihn packen.
Doch bevor ich ihn hatte, da roch ich den Brand.
Verdammt! Mein Kuchen! – In die Küche ich rannt'.

Es fällt mir schwer, einen Fehler hier einzugestehen,
aber ich hatte die Backuhr schlichtweg übersehen.
Mit den Nerven am Ende kann ich nichts mehr ertragen.
Nennt man das »schönes Leben«,
                    könnt ihr mich gleich begraben.

Oh, mein Herrgott, du darfst mich nicht falsch verstehen.
Ich liebe die Weihnacht, doch so viel ist geschehen.
Das Chaos, die Hektik, der Stress und der Müll.
Das ist fürwahr nicht mein Feiertagsziel.

Ja, im nächsten Jahr werd' ich mir Köche anheuern
und Leute, die das Haus mir auch scheuern.
Und wenn das noch nicht hilft, um des Friedens willen,
werden wir unsern Hunger bei McDonalds dann stillen.

Denn still ist die Nacht, so heißt es schon lange,
und still ist mein Mann, vor mir ist ihm bange.
Gesegnete Mahlzeit in der Vorweihnachtsnacht,
wo ich beinah meinen Mann hätte umgebracht.

Der geplatzte Weihnachtsbaumtraum

Im Zimmer steht eine Krüppelkiefer,
verkleidet als ein Weihnachtsbaum, ein schiefer.
Sie ist zwar mit Kugeln und Lametta geschmückt,
aber dennoch steht sie betrübt und gebückt.

Sie hat sich wie alle Bäume ausgemalt,
wie sie an Weihnachten in vollem Glanze erstrahlt.
Doch man verriet den Bäumen ja nicht,
dass man hierzu den Fuß ihnen brutal abbricht.

Statt vieler Wurzelzehen hat sie nur einen Knüppel
nach unten, und deshalb nennt sie sich Krüppel.
Man tat ihr sogar noch ein paar Ast-Arme stutzen.
Da hilft jetzt auch nicht mehr alles Schmücken und Putzen.

Die Kiefer steht missmutig in der Ecke.
Sie fühlt sich elend und denkt bei sich: »Ich verrecke
vermutlich schon bald in den nächsten Tagen.
Wozu soll ich also meine Nadeln noch tragen?«

Und so wirft sie auf einmal in der Heiligen Nacht
von sich ihre dichte und grüne Pracht.
Mit ihren Nadeln sind alle Päckchen bedeckt,
die man unter der Kiefer hatte versteckt.

Der mit Kugeln und Lametta behangene Baum
stand ansonsten nackt in der Ecke im Raum.
Als die Kinder am Morgen ins Zimmer stürmten,
sahen sie nicht die Geschenke,
                            die unterm Baum sich türmten.

Doch sie fanden die Kiefer sogar irgendwie schick.
Nicht jeder hatte so ein punkiges Stück.
Dass der Baum in der Ecke inzwischen verstorben,
hat ihnen die Weihnachtsstimmung nicht verdorben.

Im Wald aber, wo die Kiefer gestanden,
die Bäume um den abgesägten Baumstumpf fanden,
indem man die Kiefer von hier fortbewegte,
sie doch wenigstens einmal etwas erlebte.

Übler die Socken nie stinken

(Melodie »Süßer die Glocken nie klingen«)

Übler die Socken nie stinken
als nach dem Jakobsweg.
In den Schuhen die Füße ertrinken
und die Socken sind ein nasser Beleg.
|: Wie sie gestunken nach durchwanderter Nacht. :|
Socken mit üblem Gestank.
Wer dran riecht, der wird bald schon krank.

Oh, wenn die Socken so stinken,
schnell in die Wäsche damit.
Nur bloß mit den Socken nicht winken.
Der Gestank reicht auch so schon, igitt!
|: Wascht sie von links und wascht sie von rechts. :|
Socken mit üblem Gestank.
Wer dran riecht, der wird bald schon krank.

Stinken sie noch nach dem Waschen,
hat das Waschmittel voll versagt.
Den Wanderer zu überraschen
mit neuen Socken macht man ungefragt.
|: Alle aufjauchzen den weiteren Weg. :|
Socken mit üblem Gestank.
Wer dran riecht, der wird bald schon krank.

Jedes Jahr dieselbe Leier

Weihnachten, das Fest des Schenkens,
des Erfreuens und Gedenkens
der Verwandten, die man liebt,
der Bekannten, die's so gibt.
Alle warten nur auf Gaben,
wollen mehr als die andern haben.

Sie umschwärmen dich mit Eifer,
liebevoll; sie sind erpicht,
zu vermeiden all' Gekeifer -
was ja deutlich Bände spricht!

Viele Tage vor dem Feste
schreiben Briefe* sie dir feste.
In Erinnerung sich bringen
wollen sie vor allen Dingen;
und so kommen sie schon Wochen
vor den Feiertagen angekrochen.

*) Emails / Karten / SMS / WhatsApp

Sie umschwärmen dich mit Eifer,
liebevoll; sie sind erpicht,
zu vermeiden all' Gekeifer -
was ja deutlich Bände spricht!

Und ist der Festtag dann gekommen,
erscheinen sie, sind ganz beklommen,
sind ergriffen, und sie schweigen,
um Bescheidenheit zu zeigen.
Doch im Innersten sie hoffen,
dass das Los auf sie getroffen.

Sie umschwärmen dich mit Eifer,
liebevoll; sie sind erpicht,
zu vermeiden all' Gekeifer -
was ja deutlich Bände spricht!

Und sind die Feiertage dann
vorbei, schon bricht der Bann.
Ja, dann wird dir vorgehalten,
von den Jungen, von den Alten,
was ihnen Übles widerfahren
in den letzten fünfzig Jahren.

Und du umschwärmst sie dann mit Eifer,
liebevoll; du bist erpicht,
zu vermeiden all' Gekeifer -
was ja deutlich Bände spricht!

Denn du möchtest von den Gaben,
die du gabst, auch etwas haben:
etwas Friede, etwas Stille.
Nur dazu fehlt dann der Wille,
dass sie dir die Mühe danken -
ein ganzes Jahr sie mit dir zanken.

Und dann sie schwärmen mit viel Eifer
wieder mal; sie sind erpicht,
zu vermeiden all' Gekeifer -
was ja deutlich Bände spricht ...

Fake Legende enthüllt

Am sechsten Dezember gebar eine Laus
zum ersten Mal im Leben ein paar kleine Nissen,
und zwar im Fell einer Fledermaus.
Das war ein gemütliches Läusekissen.

Nun haben Läuse, das ist bekannt,
ein Gedächtnis, so durchlässig wie ein Sieb.
Drum hat die Läusemama alle Kinder »Niko« genannt,
weil ihr gedächtnismäßig gar nichts anderes übrigblieb.

Die Fledermaus hat die Läuse verbreitet.
Sie flog im Zickzack über die ganze Welt.
So wurde der Niko-Laus-Tag eingeleitet,
den die Menschheit nun für etwas Besonderes hält.

Stille Nacht ... Aufgewacht

»Frohe Weihnacht!«, klingt es laut.
Das Christkindlein verärgert schaut.
Durch diesen Lärm ist's aufgewacht
und drum auch ziemlich aufgebracht.

Von wegen friedlich und schön still ...
– weil es doch gerne schlafen will –
Ein Krach ist das! und 's ist auch grell.
Die Lichterketten strahlen hell.

»Ei, sapperlot, was ist da los?«,
fragt sich das kleine Christkind bloß.
»Wie ruhig konnt' ich doch früher schlafen
inmitten von Eseln und auch Schafen.

So sollt' es sein, 's war nicht verkehrt
und hat mir stets eine glückliche Kindheit beschert.
Aber heut' scheint Hektik ausgebrochen.
Bis zur letzten Minute die Menschen malochen.

Doch wenn ich keine glückliche Kindheit bekomm',
dann werd' ich aggressiv und gar nicht fromm.
Dann kann ich später nicht die frohe Botschaft verkünden
und die Menschen werden bald Ställe anzünden.

Das muss ich verhindern. Also, was ist zu tun?
Jetzt ist erst mal Schluss, mich auszuruh'n.
Und dann muss ich wohl meinen Vater fragen,
den echten Gott, ob er mir schickt ein paar Plagen.

Denn das war ja schon immer als Lösung probat,
wenn vernichtet die Ernte und auch die Saat,
wenn Typhus, Pest und Cholera
die Menschen schoben von Alpha nach Omega.

Los, Papa, wach auf, wir haben zu schaffen.
Es soll wieder Friede kommen zwischen die Affen.
Die haben ihre Prioritäten verschoben
und leben egoistisch völlig abgehoben.

Was meinst du, was schicken wir zur Strafe ihnen?
Irgendwas Perfides, das sie verdienen.«
Da spricht Gott in seinem milden Ton:
»Mein Sohn, sei geduldig, das haben sie schon.

Ich schickte ihnen die Computerei.
Wirst sehen, bald ist es mit vielem vorbei.
Der Glaube an die Technik wächst immer weiter.
Roboter sind die neuen apokalyptischen Reiter.

Die Menschen sagen sich: Was sollen wir denken,
wenn Computer und K.I. alles besser lenken?
Und dann kommt der große Stromausfall,
den ich schicken werde mal so Knall auf Fall.

Danach ist keiner mehr da, der die Welt versteht,
und dann kommt ein Neustart,
                          nach dem es von vorne losgeht.«
Da ist das Christkindlein wieder froh wie zuvor.
Es ignoriert Lärm und Licht und legt sich wieder aufs Ohr.

Internet-Kurzschlussreaktion

Ein Rentier steht am Straßenrand
in Marokko, und es wühlt im Sand.
Es malt mit dem rechten Vorderhuf
einen ziemlich großen Hilferuf,
denn es hat sich auf dem Weg zum Nordpol verflogen,
als es über der Sahara falsch abgebogen.
Wie kam es überhaupt so weit nach Süden?
Wieso ist es nicht hoch im Norden geblieben?

Nun, das Rentier recherchierte im Internet,
wo es las, dass die Erde schon wieder mal hätt'
die Pole gegeneinander ausgetauscht,
und schon ist das Rentier abgerauscht,
noch bevor es hörte, wie Santa sprach:
»Wir warten erst mal ab. Gemach, gemach!«
Allein am Südpol musst' das Rentier erkennen,
es muss gleich wieder zurück zum Nordpol rennen.

Wieso war es auch immer so ungestüm?
Den Schlitten wollte es auch stets alleine zieh'n.
Ein paar Gänse, die grad über die Sahara flogen,
als sie wieder zurück in den Norden zogen,
die riefen: »He, Rentier, wir kennen den Weg.
Flieg ein Stück mit uns mit. Der Nordpol ist schräg
links von dort, wo es uns hinzieht.«
Unterwegs denkt das Rentier: »Was mir wohl blüht?

Werde ich zur Strafe für mein dummes Benehmen
am Pol bleiben müssen, um mich zu schämen?«
Doch Santa hatte etwas anderes im Sinn.
Er klebte dem Rentier eine Lampe vorn hin.
Dann sprach er: »Rudolph, es soll dir eine Lehre sein.
Mit diesem rot leuchtenden Licht findest du immer heim.«
So hat Rudolph seine rote Nase bekommen.
Er ist nie wieder vom rechten Weg abgekommen.

Betriebs-Xmas-Feier

Wir kochen das Firmen-Weihnachtsfest.
Die Belegschaft wird in der Kantine durchgepresst.
Wir legen alle in Glühwein ein.
Dem Chef zieh'n wir das Jackett ab, das muss sein.

Mit seinen Assistenten wird er angeschwitzt.
Als nächstes wird das Messer gespitzt.
Die Kollegen grob würfeln und gut vermischen.
Das muss hier brodeln und kochen und zischen.

Das muss sieden und blubbern,
                                  erst zum Schluss soll es simmern.
Nach drei Stunden muss die Masse dann glasig schimmern.
Noch ein Schnaps drauf, alles flambieren!
                                  Doch die Leute fliehen.
Nun, dann lassen wir die Belegschaftssuppe halt ziehen.

Epilog:
Außer Alkohol hat es nichts zur Feier gegeben.
Der Chef ist allein und hat sich grad übergeben.
Seine Leute aber gehen ohne ihn noch einen heben.

Weihnachtliche Kindheitserinnerung

Winterweiß strahlt die Nacht.
So wird Stimmung in die Welt gebracht.
Kälte um die Häuser zieht.
Drinnen wird leckerer Tee gebrüht.
Die Mutter backt Plätzchen schon den ganzen Tag.
Jeder davon gerne naschen mag.

»Hände weg, sonst setzt es was!«
Die Mutter versteht hier keinen Spaß.
Stück für Stück wird exakt gezählt,
damit später in keinem Päckchen was fehlt.
Somit ist Ärger schon vorprogrammiert,
weil die Kinderschar mopsend keine Zeit verliert.

Der Fehlbestand wird zur Weihnacht entdeckt.
Die Mutter schlägt zu, erst mal im Affekt.
Dann petzt sie dem Vater, dass die Kinder missraten.
Und er verprügelt später auch noch diese Satansbraten.
Jedes Jahr dasselbe Spiel.
Irgendwann wird es mal einem zu viel.

Dann sitzen die Eltern zur Weihnacht alleine.
»Scheiß auf die Plätzchen, wir wollen keine!«
So heißt es eines Tages bereits zu Nikolaus.
Die Kinder sind längst schon alle aus dem Haus.
Sie können mittlerweile auch selber backen.
Das passiert, wenn es die Eltern
                    mit der Liebe verkacken.

Weihnachten, das Fest des Schenkens

Das Christkind sagt: »Wir köpfen jetzt
den Osterhasen, denn der hat gepetzt.
Dieser eifersüchtige Satansbraten
hat doch allen Kindern verraten,
dass Weihnachten ist das Fest des Kommerz.
Dieses Karnickel hat einfach kein Herz.«

Da ergreift dann auch Santa Claus das Wort:
»So sei es, und den Hasen schaffen wir fort,
indem wir ihn gleich in die Pfanne hauen.«
Da schreit der Moslem: »Den können wir nicht verdauen.
Der ist nicht halal, der hantierte mit Eiern.
Es wäre besser, wir werfen ihn zu den Geiern.«

Da kommt ein Jude: »Nicht so schnell,
                                in diesem Fall möchten
wir das Tier nicht köpfen, sondern einfach nur schächten.
Dann lässt sich der Hase doch noch verwenden.
Wir sind zwar im Grunde durchaus fürs Spenden,
aber leichtfertig etwas zu verschwenden,
wir gerade zur Weihnacht als Sünde empfänden.«

Die Buddhisten saßen hierbei nur stumm
im Kreise und »Omm«-summend wippend herum.
Sie verstanden gar nicht, um was es geht.
Da sagt das Christkind noch mal, damit es jeder versteht:
»Ich weiß, der Konsumrausch bereitet Unbehagen,
doch man hat mich nicht umsonst ans Kreuz geschlagen.

Die Menschheit muss diesen Frevel auf ewig büßen
und sich Weihnachten mit sinnlosem Kram versüßen.
Und an Ostern gibt es nur Eier zur Strafe,
die der Hase verteilt, denn er ist mein Sklave.
Hört ihr ihn hier im Jutesack schon rumoren?
Los, Leute, wir zieh'n das Fell ihm über die Ohren!«

Riskanter Job

Gleich nach Silvester, im Monat Jänner,
sucht Santa sich neue Weihnachtsmänner,
die ihm in der Nacht aller Nächte helfen.
Viel zu schwach sind dafür nämlich die Elfen.

Aus allen Bewerbern sucht Santa Claus
die Finalisten besonders sorgfältig aus.
Sind sie alt genug? Sind sie fit und gesund?
Ist vor allem der Bauch um die Mitte schön rund?

Ist der Bart richtig üppig und lang und weich?
Wer das nicht erfüllt, dem sagt er gleich:
»Nur weiter so, vielleicht passt es nächstes Jahr.«
Ja, Santa gibt Hoffnung, wie wunderbar.

Doch ist die neue Weihnachtsmann-Crew gefunden,
da wird sich's das ganze Jahr über geschunden.
Die Kandidaten üben sich im Dächer hochrennen.
Auch Rentierschlitten müssen sie lenken können.

Lautloses Einsteigen, Kamine hochklettern,
mit dem vollen Schlitten durch die Wolken brettern.
Nähkurs für zwei, drei Reservegewänder,
Pflege für die empfindlichen Pelzbesatzränder.

Schnell aussortiert werden alle Faulen,
die den Tag verbringen mit Rentier Kraulen.
Manch einer eine zweite Chance nutzt,
indem er allen anderen die Stiefel putzt.

Santa Claus ist zwar gütig, doch er ist auch streng,
denn der Zeitraum für die Lieferung ist extrem eng.
Da muss jeder Handgriff perfekt sitzen.
Santa Cläuse dürfen vor allem nicht schwitzen.

Nicht auszudenken, einer nähme die Mütze ab,
oder machte schon vor der Haustür schlapp.
Als Santa-Vertreter ist man trainiert.
Wer's nicht packt, seinen Job gleich wieder verliert.

Im letzten Quartal von einem jeden Jahr
sind die Prüfungen. Dann wird allen klar:
Jetzt geht's ums Ganze. Nur die wirklich Fitten
bekommen im Advent ihren Rentierschlitten.

Die Kräftigsten für die entfernten Routen
müssen sich als allererste sputen.
Vom Nordpol ins südlichste Afrika,
da ist man nicht in ein paar Stunden da.

Um manche Länder wird ein Bogen gemacht.
Dorthin werden keine Geschenke gebracht.
Man glaubt da nicht an Santa Claus.
Deshalb lässt er sie bei der Bescherung aus.

Man glaubt dort ans Christkind, ist das zu fassen?!
Wie kann man einen Säugling Pakete schleppen lassen?
Heimlich hilft Santa, der echte, so gut er nur kann.
Er ist halt doch ein wahrer Weihnachtsmann.

Nach den Feiertagen wird durchgezählt,
wer von den Santa Claus Helfern noch alles fehlt.
Ein Zauber lässt die toten Santa Cläuse verschwinden,
denn die darf auf keinen Fall jemand finden.

Am gefährlichsten ist es in den Vereinigten Staaten.
Dort liegen die neugierigen Satansbraten
auf der Lauer mit Gewehren und anderen Waffen.
Nicht alle Santas es lebend zurück zum Nordpol schaffen.

Ja, es ist so, dass Santas Helfer auch sterben.
Im Jänner sich aber wieder viele bewerben.
Der Weihnachtsmannjob ist nicht ungefährlich.
Da ist Santa im Personalgespräch leider nicht ganz ehrlich.

Vorsicht in Unterführungen

(Melodie: »Süßer die Glocken nie klingen«)

Neulich in der Unterführung
begegnete ich einem Mann,
der hatte 'ne Tä-hä-towierung,
die man schwer nur beschrei-hei-ben kann.
Wie er so plötzlich nun vo-hor mir stand,
bin ich erschrocken und we-heg-gerannt.
Der Mann war fast vollständig nackt.
Seinen Schniedel hat er ausgepackt.

Im Laufen hielt ich kurz inne
und blickte verstohlen zurück.
Da schwanden mir fa-hast die Sinne,
immer größer wurd' sein be-he-stes Stück.
Es war tätowiert, ja, das konnte ich seh'n.
Zunächst dort nur wenige Buchstaben steh'n.
Ein Nazi mit seinem Gemächt
stand da, ich staunte nicht schlecht.

»Sieg Heil!« stand deutlich zu lesen,
dann wuchs diese Wurst in der Hand.
Der Text war viel länger gewesen,
wie ich alsbald herausfand.
Dann fing dieser Ty-hyp zu singen noch an,
so laut, wie ein Nazi nur si-hin-gen kann.
Immer lä-hän-ger wurde sein Glied
während seinem gesungenen Lied.

Süßer die Glocken nie klingen
als zu der Weihnachtszeit.
S' ist als ob Engelein singen
wieder von Frieden und Freud.
Ich lief zum Reviere der Po-ho-lizei,
zu berichten, was mir grad passie-hie-ret sei.
Als ich sang, hat man mich ausgelacht
und gesagt, ich hätt' mir das ausgedacht.

Alle Klare nieder
(Melodie »Alle Jahre wieder«)

Alle Klare nieder
und dazu ein Bier
trink' ich immer wieder
in der Kneipe hier.

Ist noch wer zugegen,
der mich hier versorgt,
oder muss ich mich bewegen
an einen andern Ort?

Und um Haaresbreite
komm' ich heil nach Haus'.
Heute bin ich pleite,
ich mach' mir nichts daraus.

Morgen geh' ich wieder
gleich zur Heilsarmee.
Die ist mir zwar zuwider,
denn dort gibt's nur Tee.

Doch wenn ich verwegen
frag' nach Methanol,
krieg' ich vielleicht deswegen
ein Schlückchen Alkohol.

Und so träum' ich weiter
friedlich vor mich hin.
Ja, das wird noch heiter,
bis ich wieder nüchtern bin.

O du seliges Baumsterben
(Melodie »O Tannenbaum«)

O Nadelwald, o Nadelwald,
der Klimawandel macht dich kalt.
Du bist für Hitze nicht bereit
und leidest unter Trockenheit.
O Nadelwald, o Nadelwald,
deine Bäume werden nicht mehr alt.

O grüner Tann, o grüner Tann,
wann fing dein Sterben eigentlich an?
War 's als der Borkenkäfer kam
und dir den Saft zum Leben nahm?
O grüner Tann, o grüner Tann,
vor hundert Jahren warst du besser dran.

O Fichtenhain, o Fichtenhain,
dich zur Weihnacht zu fällen, das ist gemein.
Den Tannen es nicht besser geht,
geschmückt der Christbaum im Wohnzimmer steht.
O Fichtenhain, o Fichtenhain,
wem fiel denn diese Tradition nur ein?

O Christbaumzier, o Christbaumzier,
man benutzt dich fern, man benutzt dich hier.
Du umfasst eine riesige Industrie.
Den Klimawandel befeuert auch sie.
O Christbaumzier, o Christbaumzier,
besser wäre die Umwelt sicher ohne dir.

Die ganze Wahrheit

Am sechsten Dezember dachte sich der Nikolaus:
»Fuck, ich bin zu spät! Ich muss aus dem Haus.
Ein Kindlein wird geboren, das muss man feiern.«
Nikolaus suchte nach Obst, nach Nüssen und Eiern.

Er hat Äpfel und Nüsse in den Sack gestopft,
just als es bei ihm an der Haustür klopft.
Da steht Nachbar Ruprecht, der Tunichtgut.
»Wo sind meine Eier?« fragt Nikolaus voller Wut.

Nachbar Ruprecht sagt, während er die Lippen sich leckt:
»Ob du 's glaubst oder nicht, die hat ein Hase versteckt.«
Da gibt der Nikolaus ihm zornig einen Tritt.
»Ich glaub' 's nicht! Dafür kommst du jetzt mit mir mit.«

Und so machten sich die beiden, wie man allgemein kennt,
auf den weiten Weg in den Orient.
Sie haben sich beeilt und einen Esel geschunden,
doch das Kindlein haben sie nicht gefunden.

Sie klopften auf der Suche an jede Tür.
Und Ruprecht sagte immer: »Ich kann nichts dafür.
Der Hase hat die Eier genommen.«
Dann hat er vom Nikolaus Prügel bekommen.

Manchen Eltern hat das ganz gut gefallen.
Also taten sie sich Ruprecht und den Mann in Rot krallen.
Den beiden wurde ein Vorschlag gemacht,
also haben sie Gabensack und Rute gebracht.

»Danke, Leute, das hat doch bestens funktioniert.
Wir wollen, dass das fortan jährlich passiert.«
Der Nikolaus zierte sich, er war ein harter Knochen.
Nachdem er zusagte, hat man ihn heiliggesprochen.

Einen Monat später, am sechsten Januar,
wurde Sankt Nikolaus plötzlich leider klar,
er hatte sich um einen Monat verschätzt.
Doch aus der Nikolaus-Nummer kam er nicht mehr jetzt.

Was ihn jedoch am allerschlimmsten getroffen,
nachdem er mit Ruprecht an Ostern gesoffen,
da sah er tatsächlich einen Hasen mit Eiern,
und er schwor sich, er würde nie mehr so viel feiern.

Die Zeiten ändern sich

Dieses Jahr bringt ein woker Weihnachtsmann
nur noch Süßigkeiten, die sind vegan.
Die sind vor allem auch zuckerfrei,
und Palmöl, das ist auch nicht dabei.
Endlich passt mal jemand auf die Kinder auf.

Es wird kein Plastikspielzeug mehr geben.
Auch Christbäume lässt man dieses Jahr am Leben.
Man geht vors Haus, um Lieder zu singen
und die Herzen der Menschen zum Schmelzen zu bringen.
Aus dem Nachbarhaus zielt ein Flintenlauf.

Ein Kind schreit: »Dort oben, hinter dem Fenster!«
Die Mutter beruhigt: »Spatz, du siehst Gespenster.«
Der Vater – im Weihnachtsmannkostüm –
blickt nach oben, sieht das Gewehr und will gleich flieh'n.
Doch er muss jetzt tapfere Miene machen.

Eine Stimme schreit: »Mit dem Woke ist jetzt Schluss!«
Dann knallt durch die Straße ein lauter Schuss.
Es sieht nicht so aus, als hätte der was getroffen.
Kein Wunder, das war Santa, und er war besoffen.
Man hat ihm gekündigt, drum ließ er es noch mal krachen.

Polizisten haben ihn abgeführt.
Er sitzt im Knast, wo er die Härte des Gesetzes spürt.
Vor Gericht hat er bittere Tränen geweint.
Er sagte: »Ich habe es doch immer nur gut gemeint.
Die Kinder haben meine Sachen geliebt.«

Der Richter sprach: »Wir haben jetzt andere Zeiten.
Es ist auch verboten, auf Rentieren zu reiten.
Wir müssen den Konsumrausch zur Weihnacht beenden
und uns endlich der Rettung der Welt zuwenden.«
Da sagte Santa:
          »Ach, das habt ihr doch schon längst versiebt.«

Lange Winternächte

Hoch im Norden, wo die Mittsommernacht
der Welt dauerhaftes Licht gebracht,
da hat sich ein einsamer alter Mann überlegt,
der dort mit seinen Rentieren lebt,
weil die Tiere im Herbst gen Süden ziehen,
dass auch er will der langen Winternacht entfliehen.

Im Sommer schläft er überaus schlecht.
Sein Haus verdunkeln er dennoch nicht möcht'.
Denn er sieht gern hinaus, wo die Rentiere grasen.
Dank ihnen hat er einen gepflegten Rasen.
Aber weil er nachts nicht schlafen kann,
fängt er eine Nebenbeschäftigung an.

Spielsachen macht er nun für alle Kinder.
Er ist ein fröhlicher Spielzeugerfinder.
Das wird alles in buntes Papier gepackt,
Schleife rum und dann gestapelt exakt.
So bildet sich ein Berg, das glaubt man kaum,
der sieht aus wie ein stattlicher Tannenbaum.

Schon hatte der Mann eine neue Idee.
Er wollte mit den Rentieren durch den Schnee
zu allen Kindern fahren. Er musst' nicht lang bitten.
Die Tiere zogen gerne den vollen Schlitten.
Doch im Winter, wenn die Sonne so gar nicht scheint,
erkennt man im Dunkel nicht Freund, nicht Feind.

Also setzte der Mann sich wieder hin.
Er strich seinen Bart, der sein Doppelkinn
gut kaschierte, denn der weiße Bart war lang.
Zur Korpulenz hatte der Mann einen Hang.
Sein weiteres Tun fiel ihm dadurch nicht leicht.
Letztlich hat er aber eine Lösung erreicht.

Die Rentiere hat er mit Lichtern bestückt.
Auch der Schlitten wurde solcherart geschmückt.
Nun kann der Mann was erkennen,
                        und er wird auch gesehen.
Bei seinem Anblick bleiben alle ergriffen stehen.
Und sie denken, das wollen sie zuhause auch.
So entstand der Weihnachtsglitzerkrambrauch.

Weihnachtsvision für 2030

Santa Claus ist höchst betroffen.
Seine Rentiere sind ihm alle ersoffen.
Das Eis am Nordpol schmolz so schnell,
und Rettungsschiffe waren nicht zur Stell'.
Die patrouillierten nämlich im Mittelmeer,
über welches viele Flüchtlinge kommen her.

Auf einer Scholle treibt Santa nun einsam am Pol.
Pflichtbewusst denkt er:
»Ob ich mir ein paar Drohnen jetzt hol'?«
Schließlich sitzt er auf einem großen Berg an Geschenken.
Die alle zu behalten – nicht auszudenken!
Außerdem ist sein Motto, denn sein Gemüt ist heiter:
»Was dich nicht umbringt, macht dich stark.
Das Leben geht weiter!«

Santa Claus hat noch kurz ein paar Tränen vergossen,
und dann loggte er sich wild entschlossen
ins Internet ein und suchte nach »Drohnen«.
Er wollte Preise vergleichen. Der Deal sollte sich lohnen.
Doch das Kleingedruckte, die Lieferbedingung,
verriet Santa über die Welt eine ungute Schwingung.

Die meisten Länder darf man
                    mit Drohnen nicht überqueren.
Dazu müsste man all diesen einen Krieg erklären.
Ja, Drohnen gelten häufig als Kriegsgerät,
weshalb eine Internetbestellung nicht so einfach geht.
Die Dark Net Suche hat Santa zu sehr angestrengt.
Da sagte er: »Leckt mich doch!« und hat kurzerhand
                    seinen Job an den Nagel gehängt.

Weihnachtsverantwortung

Wieder mal sind wir soweit,
es beginnt die Weihnachtszeit.

Die vier Wochen im Advent
sind – wie jeder von uns kennt –
geprägt von Gnade und von Stille.
Doch der ungebroch'ne Wille,
dieses Jahr das letzte Fest
zu toppen, ungebremst uns lässt
planen, ordern und auch laufen
in die Stadt, um einzukaufen,
auch zu basteln und zu packen.
Im Akkord wir uns da placken.

Ja, die stade Weihnachtszeit
hält Freude viel für uns bereit.

Und sitzen wir dann um den Baum,
um diesen endlich anzuschau'n,
da ist dann die Verwund'rung groß:
Wo ist der Weihnachtsbaum denn bloß?
Es türmt sich hier ein Berg von Gaben,
und weil wir nur einen 3-Meter-Baum haben,
geht der völlig unter, keiner kann ihn sehen.
Ob wir den Sinn der Weihnacht auch wirklich verstehen?

Vom Weihnachtsgeschäft lebt der Einzelhandel.
Da ist es nicht einfach mit dem Wertewandel.

Tapetenwechsel

Eines Tages konnte der Osterhase Ostern nicht mehr leiden.
Er wollte sich viel lieber an Halloween verkleiden.
Anstatt jedes Jahr bunte Eier zu verstecken,
wollte er auch mal als Monster Kinder erschrecken.
Das stellte sich das frustrierte Langohr
in einsamen Nächten recht unterhaltsam vor.

Davon hat eines Tages Santa Claus erfahren.
Auch ihm machte sein Job schon seit einigen Jahren
keinen Spaß mehr. Die Kinder waren mittlerweile so gierig,
und die Auswahl der Geschenke
                              wurde zunehmend schwierig.
Mit den Eltern war schon lang nicht mehr
                              gut Kirschen essen.
Deshalb sagte Santa: »Xmas könnt ihr jetzt vergessen!«

Nur im Halloweenland herrschte Lachen und Singen,
weil den Monstern jedes Jahr neue Streiche gelingen.
Sie schnitzten in Kürbisse schreckliche Fratzen,
in der Gewissheit, dabei kann man echt nichts verpatzen.
Eines Tages klingelte es draußen am eisernen Tor.
Santa Claus und der Osterhase standen davor.

»Ey, Bescherung, Leute!«, begann ein Sich-freuen.
Das sollten aber alle ganz schnell bereuen.
Denn Santa hatte nur einen leeren Sack,
und auch im Korb war nichts, den der Hase huckepack
trug. Beide riefen »Gebt uns Süßes oder wir werden sauer!«
Diese Begegnung war nur von sehr kurzer Dauer.

Der allererste Weihnachtsbaum

Es gab mal ein Jahr, da wuchs dem armen Tropf
namens Santa Claus alles über den Kopf.
Die Hälfte der Elfen aus der Spielzeugproduktion
streikte, denn sie wollten den doppelten Lohn.
Wieso? Nun, die andere Hälfte war im Krankenstand.
Auch in der Verpackungsabteilung
                            ging nichts von der Hand.

Zu allem Unglück sprach noch Frau Santa Claus,
die Santa Claudia:
                »Schatz, du musst jetzt gleich aus dem Haus.
Meine Mutter steckt im Schnee fest. Sie hat befohlen,
du sollst sie von zuhause mit dem Schlitten abholen.«
Da sattelte Santa Rentier Rudolph voll Frust.
Auf die Schwiegermutter hatte er gar keine Lust.

Unterwegs hat Rudolph – der ist echt unterbelichtet –
Santa von Problemen im Stall berichtet.
Es schien ihm, dass sich drei von sieben Rentierdamen
ließen im Sommer jungfräulich besamen.
Nun waren sie im Mutterschutz, denn sie waren trächtig.
Das ärgerte Santa gleich übermächtig.

Er polterte, die Rentiere sollten sich was schämen.
Er wollte sich die Lümmel gleich
                    nach der Rückkehr vornehmen.
Da musste Rudolph gestehen, die waren abgehauen.
Also hat Santa voller Wut dann Rudolph verhauen.
Der weigerte sich deshalb, die Schwiegermutter zu tragen.
Das gab auf dem Rückweg ein Zetern und Klagen.

Mittlerweile war schon viel zu viel Zeit vergangen.
Santa Claus hatte noch nicht einmal angefangen,
den Schlitten zu beladen. Der brach gleich vom Gewicht,
denn die Bretter trugen die Tonnen
                    von Geschenken ja nicht.
All die Päckchen, die daraufhin auf die Erde schwirrten,
landeten unsanft. Beim Aufprall viele klirrten.

»Mir reicht's!« rief Santa. »Ich brauch' einen Schnaps.«
Er ging ins Haus und gab Claudia den üblichen Klaps
auf den Po, doch sie war in ihrer Mutter Gegenwart
auf Krawall gebürstet. Sie hat nicht gespart
mit Verwünschungen und mit #MeToo-Gezeter.
Santa wich gleich zurück um gut zwanzig Meter.

Er stieg auf den Speicher, um den Rum zu suchen.
Als er hinab wieder kam, war er laut am Fluchen.
Die Elfen hatten allen Alkohol getrunken.
Deshalb war wohl die Hälfte im Krankenstand versunken.
»Nun, dann ess' ich halt Stollen«, resignierte Santa Claus.
In der Küche aber sah es chaotisch aus.

Als er weg war, hatte Claudia die Küche gefegt
und bei der Jagd nach Mäusen das Porzellan zerlegt.
Nur noch Krümel von dem leckeren Weihnachtsgebäck
lagen verstreut im hintersten Eck.
Dazwischen die Scherben vom besten Geschirr.
Auf einmal ertönte ein Klingeln inmitten von dem Gewirr.

Vor der Tür stand ein Engel, im Gesicht ein Lächeln.
Er war außer Atem. Man hörte erst nur sein Hecheln.
Dann sagte er:»Frohe Weihnacht, Santa,
                            du bestelltest einen Baum?
Der ist so groß und schwer. Ich bewege den kaum.
Wohin darf ich den Weihnachtsbaum denn nun schieben?«
Seit damals sind die Engel auf der Baumspitze geblieben.

Zu neugierig gewesen

Meine Mama hat Santa Claus geküsst,
als dieser neulich bei uns gewesen ist.
Ich hatte mich hinterm Christbaum versteckt.
Da hab' ich die zwei im Zimmer entdeckt.

Sie wisperten beide ziemlich vertraut.
Ich hab' echt gestaunt und dumm geschaut.
Dann aber habe ich mir gedacht,
Santa Claus hat Mama sicher auch was gebracht.

Doch hätte es nicht auch ein Keks getan
als Dankbarkeit für diesen alten Mann?
So ein Kuss von Mama ist doch nicht schicklich.
Santa Claus find' ich irgendwie unappetitlich.

Ich wagte mich nicht aus dem Versteck heraus.
Plötzlich sah ich, wie Mama den Santa Claus
bei der Hand nahm und ihn ins Schlafzimmer führte,
während er sie zärtlich am Po berührte.

Ich schlich hinterher. Mir war eisig kalt.
Die Schlafzimmertür stand offen einen Spalt.
Stiefel, Jacke und Mütze sah ich auf dem Boden liegen
und im Bett zwei Körper sich ineinander verbiegen.

Ein Aufschrei wollte mir aus der Kehle fahren.
Ich schloss die Augen, um mir noch mehr zu ersparen.
Mein Vertrauen war bis ins Mark erschüttert.
Am nächsten Morgen saß ich beim Frühstück verbittert.

Mama saß im Morgenmantel, ihr Haar war zerzaust.
Ich fragte mich, ob es ihr vor gar nichts graust.
Aus dem Schlafzimmer trat Santa Claus hervor.
Ich nahm mir vor, ihm zu begegnen mit Galgenhumor.

»He, Santa«, hab' ich zu ihm gesagt.
»Wieso bist du noch hier? Hat dein Schlitten versagt?«
Da nahm er seinen Bart ab und gab Mama einen Klaps.
Und er sagte. »Du Dummchen, ich bin's doch, dein Paps.«

Da war ich erleichtert und frustriert zugleich.
Diese Offenbarung war schließlich folgenreich.
Zwar hat Mama meinen Paps nicht mit Santa betrogen,
doch nun wusste ich,
            das mit dem Weihnachtsmann war nur erlogen.

Winterwald

Der Winter naht mit eis'gem Winde.
Die kleinen Tannen stehen stramm.
Kein Schutz kommt von der kahlen Linde.
Dem Förster sind die Finger klamm.

Er trägt die Axt auf seiner Schulter.
So stapft er durch den frischen Schnee.
Sein Blick ist forschend, mit Geduld er
nach einem Christbaum späht – was für 'n Klischee.

Es fürchten sich die kleinen Tannen.
Sie wissen, eine schlägt er gleich tot.
Noch bevor sie ihr Tannenleben begannen,
würde eine sterben im Abendrot.

Nun flehen sie: »Herr, hilf geschwinde!«
Der Förster schwingt schon forsch die Axt.
»Der Herr« erbarmt sich. Hoch in der Linde
hört man, wie es bedrohlich knackst.

Ein morscher Ast, lang schon gebrochen,
stürzt donnernd auf des Försters Kopf.
Es brach von des Mannes Schädel der Knochen.
Blut tropft aus dessen blondem Schopf.

»Habt Dank, Herr, Ihr habt uns gerettet.
Doch eine Bitte hätten wir noch:
Damit der Tote wird zu Grabe gebettet,
macht Ihr für ihn bitte noch ein Loch.«

Niemand hier, um gleich ein Loch zu graben.
Der Herr nun erst mal überlegt,
welche Kräfte die Bäume zur Verfügung haben.
Ganz plötzlich sich das Wurzelwerk regt.

Es vibriert. Eine Höhle entsteht in der Erde.
Der tote Förster rollt hinein.
Doch damit er ordentlich begraben werde,
muss über ihm noch eine Abdeckung sein.

Der Herr spricht: »Nun müsst ihr Dankbarkeit zeigen.
Ich hab' euch den Förster von der Rinde geschafft.«
Die Tannen sich daraufhin alle verneigen.
Die Schwächste hat das Aufstehen nicht mehr geschafft.

So blieb sie auf des Försters Grab einfach liegen.
Die Rettungsmission ist nur zum Teil geglückt.
Der Herr ließ vom Himmel leise Schneeflöckchen fliegen
und hat damit den stillen Tann geschmückt.

Digitaler Fortschritt

Wenn es Santa Claus an Weihnacht pressiert,
dann ist auch mal schnell ein Malheur passiert.
Denn man weiß ja, hudeln war schon immer schlecht.
In der Hektik sich ein falscher Handgriff schnell rächt.

Santa dachte, er rutscht rasch den Kamin entlang,
etwa so, als wäre das ein steiler Hang,
doch unten hat das Bremsen leider nicht geklappt,
weshalb der Weihnachtsmann in eine Falle tappt.

Mit verrußtem Gesicht und Kopf voraus
blickt er bäuchlings unten beim Kamin hinaus.
Vor ihm steht der kleine Joey, das Handy in der Hand.
Der hat nun Santas Lage sofort auch erkannt.

»Zwanzig Dollar«, sagt Santa, »und du schweigst fein still.«
»Alles klar«, sagt Joey, »doch dafür, da will
ich 'nen Fuffi. Schließlich siehst du echt belämmert aus.«
Zähne knirschend rückt Santa mit der Kohle raus.

Aber Joey ist der Joe-ey, der auf Instagram
erst kürzlich eine steile Karriere begann.
Er machte ein Selfie – Santa war mit drauf –
und das lud er sofort auf alle Plattformen rauf.

Seine Likes schossen daraufhin steil nach oben.
Dummerweise war Santa old-fashioned und verschroben.
Dieses Foto im Netz war ihm mehr als nur peinlich.
Ja, er hatte seinen Stolz und er war auch etwas kleinlich.

»Gib den Fuffi zurück, du hast mich betrogen!«
Joey gehorchte und Santa ist schnell weggeflogen.
Beschämt hat er sich am Nordpol zurückgezogen,
und zum Wiederkommen hat man ihn nie mehr bewogen.

Es gibt Ganserl beim Gunther

(Melodie »Es wird scho glei dumper«)

Zur Weihnacht der Gunther,
ein Ganserl sich schlacht'.
Mit Knödel und Braukraut
er sich dieses dann macht.
Will essen dies Viecherl
obendrein ganz allein.
Der Gunther ist einsam.
Doch das will er nicht sein.
Hei, hei hei hei,
lass dir's schmecken geschwind.

So geht das seit Jahren
zu Gunthers großem Leid.
Dass sich daran was ändert,
ist allerhöchste Zeit.
Wen könnte er bitten
zum festlichen Schmaus?
Der Gunther denkt als erstes
an seinen Nachbarn, den Klaus.
Hei, hei hei hei,
lass dir's schmecken geschwind.

Es kostet Überwindung,
zum Nachbarn zu geh'n.
Der Gunther hat's nämlich
auf den Klaus abgeseh'n.
Denn Gunther ist schwul
und schüchtern dazu.
Und der Klaus ist sein Typ –
aber das entre nous.
Hei, hei hei hei,
lass dir's schmecken geschwind.

Das Ganserl ist lecker,
es schmeckt exquisit.
Gunther klingelt bei Klaus.
Es öffnet ein Transvestit.
Klaus ist weg, das findet Gunther
sehr schade insgeheim.
Doch dann lädt er den Transvestiten
zum Gänseessen ein.
Hei, hei hei hei,
lass dir's schmecken geschwind.

Advent-Reime

A
dve
nt, Adv
ent, der Ad
ventskranz bre
nnt. Erst die Kerzen
, dann die Zweige, dann
der Adventskranzschmuck
. Dann die ganze Bude. Das geht
Ruc
kzu
ck.

A
dve
nt, Adv
ent, der Ch
ristbaum bren
nt. Erst Zweig, da
nn Ast, dann Ast, da
nn Stamm, dann fängt a
uch noch das Wohnzimmer
an.
So
ein
Kack.

Weihnachtsfolgen

Santa Claus kommt mit seinem Schlitten
auf geschliffenen Kufen angeglitten.
Die Rentiere wurden mit Glühwein gedopt.
Der war mit Rum obendrein noch getoppt.

Nun flutscht das, jede Kurve wird mit Schwung genommen.
Santa Claus ist diese Fahrt nicht so gut bekommen,
weil der Schlitten wegen der besoffenen Rentiere eiert.
Da hat Santa über die Geschenke gereihert.

Na, das ist jetzt echt eine Sauerei.
Seine Weihnachtsfreude ist auf einmal vorbei.
Er zieht die Bremse. Die Rentiere fliegen ins Geschirr.
Der Schlitten fällt um. Es macht überall »Klirr!«

Es scheint, da ist einiges kaputt gegangen.
Von Ferne schon die ersten Weihnachtslieder erklangen.
Ein paar Wichtel aus dem Wald eilen herbei, um zu helfen.
»Das gibt Ärger«, denkt Santa, »später mit den Elfen.«

Was zu retten ist, wird auf den Schlitten geladen.
Auf den Rest ein paar Zweige,
                          um zu verstecken den Schaden.
Der Rückweg wird später zum Mülltransport.
Ja, Santa bringt das Gerümpel selbst noch fort.

Doch dann lädt er es am Nordpol auf der Müllkippe ab.
Dabei ist das ewige Eis dort mittlerweile sehr knapp.
All der Unrat sinkt hinab in des Ozeans Tiefen.
Der Geschenkewahn hat einen Einfluss, einen negativen.

Letzter Gruß von der guten alten Zeit

Was hab' ich da neulich durch die Wand gehört?
Ein Geräusch im Kaminschacht – jemand fluchte empört.
Nun glaube ich ja nicht an den Nikolaus
und noch viel weniger an den Santa Claus,
aber dennoch war ich wirklich sehr erstaunt
über das, was aus dem Eck im Wohnzimmer raunt.

»Diesem Rudolph werd' ich die Nase fest zwicken!
Mich einfach in dieses Kaminrohr zu schicken!
Verdammt, ich sitze jetzt richtig fest,
weil sich mein Sack nicht durch das enge
                                    Rohr pressen lässt.«
Und zuletzt klang die Stimme noch mehr gereizt:
»Da war kein Schild, dass man hier jetzt
                                    mit Holzpellets heizt!«

Wie war der Typ denn nur in das Kaminrohr geschlüpft?
Es hört sich an, als ob jemand auf einem Gegenstand hüpft.
Versucht der Mann gar, den Sack, einen vermutlich großen,
mit Gewalt immer tiefer nach unten zu stoßen?
»Boing! Knirsch! Klirr! Knatsch!«
                                    Ein Fluch, dann Gekrumpel.
Zweimal Stöhnen, gefolgt von einem Rumpelpumpel.

Und dann Stille – die beunruhigt mich noch viel mehr
als die schrägen Geräusche von kurz vorher.
Ich geh' in den Keller in den Holzpellet-Raum,
um mir die Sache von unten her anzuschau'n.
Dort steht ein Bärtiger und klopft sich die Klamotten aus.
Dann stapft er wutschnaubend aus dem Keller hinaus.

Seinen Sack voller Scherben lässt er mir zurück.
Alle Plätzchen sind nur noch Brösel, die ich gleich verdrück'.
Bald hör' ich vom Dach her: »Aus dir mach' ich Schnetzel!«
Dann tropft Blut. Mir scheint, da gibt's grad ein Gemetzel.
Auf einmal seh' ich ein nasenloses Rentier vor mir stehen.
Es stampft mit dem Huf und sagt:
                    »Soll er doch zu Fuß nach Haus gehen!«

Ich aber denk' mir, die Zeiten sind nicht mehr,
                            wie sie waren.
Einst ist Santa Claus mit dem Schlitten vorgefahren.
Dann kletterte er mit Präsenten in jeden Kamin,
um in der Weihnacht von Kindlein zu Kindlein zu zieh'n.
Kaminheizungen wurden inzwischen abgeschafft
und Geschenke werden von Santa Amazon rangeschafft.

Leider rieselt kein Schnee

(Melodie »Leise rieselt der Schnee«)

Leider rieselt kein Schnee
und bade-warm plätschert der See.
In der Hitze flirrt der Asphalt.
Es brennt der vertrocknete Wald.

Beim Forstamt klingelt Alarm.
Es naht der Feuerwehr-Schwarm.
Die Männer sind nicht angeschnallt
und sie springen in den brennenden Wald.

Sie löschen bei Tag und bei Nacht
und haben es beinah vollbracht.
Manch ein Glut-Nest knistert im Wald.
»Feuer aus!« heißt 's unter Vorbehalt.

Und dann kommt endlich der Schnee,
deckt zu alles, dass man nicht seh',
wie das Feuer gewütet im Wald.
Nichts zum Heizen mehr, drum bleibt es kalt.

Es war einmal zu Weihnachten

In Betlehem sah's übel aus.
Da gab's nicht mal ein Krankenhaus.
Kam man dort hin als schwangere Frau,
in diesen Friedhof statt Wohnungsbau,
dann merkte man schnell, wenn man Unterkunft sucht':
Nichts war mehr frei, alles ausgebucht.

Nun, die Schwangere ging in einen Stall.
Das Kind wurd' geboren dann Knall auf Fall.
Es wartete nicht bis nach den Feiertagen.
Nun war es da, da half auch kein Klagen.
Im Stall waren ein Esel und eine Kuh
und wahrscheinlich auch Fliegen, die gehören dazu.

Ob der Partner der Frau – er war Zimmermann –
an ausreichend Nahrung für alle rankam,
das weiß man nicht genau. Wir können es wohl glauben,
denn gegen Zimmermannsdienste
                      lässt sich manches abstauben.
Und das Kind wurde größer, es wurde zum Mann,
eine Entwicklung, die man ohne Nahrung
                        nicht nehmen kann.

Auch später starb der Mann nicht an Unterernährung,
sondern eher an verkommener Obrigkeitsgärung.
Die hatten alle Schiss um ihre fetten Pfründe,
denn es hieß allgemein, sie lebten in Sünde.
Das Töten des Mannes hat sie letztlich nicht befreit
und drum denkt man jedes Jahr an ihn zur Weihnachtszeit.

Das anonyme tickende Paket

Was mag wohl in dem Päckchen sein?
Nur einmal schnell dran rütteln …
Es ist recht schwer und auch nicht klein.
Da muss man kräftig schütteln.

Mir scheint, es ist recht gut gepackt.
Man kann absolut nichts hören.
Der Inhalt ist offensichtlich kompakt.
Wem mag das Paket nur gehören?

Es hängt kein Zettel am Geschenkband dran.
Das ist doch wirklich verzwickt.
Weil man es sonst nicht zuordnen kann.
Kann es sein, dass da jetzt etwas tickt?

Ist das Geschenk für uns alle gedacht?
Will man uns mit einer Bombe gar töten?
Der Wahnsinn, woran ich jetzt gleich gedacht.
Guter Rat ist dennoch vonnöten.

Am besten bringe ich das Päckchen hinaus
und lege es mitten in die Wiese.
Denn löst die Bombe ganz plötzlich aus,
zerstört sie hoffentlich nur diese.

Dann muss ich rausfinden, woher das Paket denn kam.
Im Haus drängeln sich viele Leute.
War 's von denen jemand? Das wäre infam.
Schließlich ist doch Weihnachten heute.

Einer ruft:»Lasst uns zur Bescherung schreiten.«
Wird so der Countdown gestartet?
Nach und nach ins Wohnzimmer alle schreiten,
wo manch Überraschung schon wartet.

Auf einmal ertönt von draußen ein Knall.
Das Päckchen hat es zerrissen.
Da steht ein Mann, dessen Bauch ist dick und prall.
Wer das ist, wollen alle gleich wissen.

Der Mann sagt:»Hallo, ich bin Santa Claus.
Ich hatte mich ins Halloweenland verflogen.
Aus dem kam ich nur in diesem Scherzpaket wieder raus.
Ich hab' noch zu tun.« Und dann ist er abgezogen.

Wir alle blieben verdutzt zurück.
Das war ein schräger Auftritt gewesen.
Es war keine Bombe, das empfand ich als Glück.
Doch wenn das tatsächlich Santa war,
                    fress' ich einen Besen.

Alle Klare nieder 2
(Melodie »Alle Jahre wieder«)

Alle Klare nieder,
bis wir besoffen sind.
Glühwein ist uns zu bieder,
heut saufen wir Absinth.

Der kommt uns sehr gelegen,
wir trinken ihn gern aus.
Dann wackeln wir entgegen
der Fahrtrichtung nach Haus.

Den Weg in voller Breite
haben wir uns eingehakt gespannt.
Dann kam der vermaledeite
Hydrant. In den sind wir gerannt.

Nikolaustag 2021

Der Nikolaus, der Nikolaus,
der zieht am 6. Dezember immer von Haus zu Haus.
Der Mann trägt einen Rauschebart.
Kein Wunder, er ist wahrlich sehr bejahrt.

Vom Alter her gehört er zur Risikogruppe.
Das ist dem Nikolaus allerdings schnuppe.
Denn er ist geimpft und geboostert natürlich.

Nur sein Knecht, der Ruprecht, hat sich ungebührlich
dem Lager der Impfgegner angeschlossen.
Nun sitzt er daheim und ist extrem verdrossen.

Ach was, er ist sogar regelrecht depressiv,
denn sein Schnelltest zeigte, er ist positiv.
Und als Nebenwirkung fühlte sich dieser Kleiderschrank
umgehend schwächlich, gebrechlich und krank.

Nun darf Nikolaus als Kontaktperson
leider auch nicht zur Kinder-Beschenk-Exkursion.
Vor lauter Frust gab Nikolaus, der Gute

dem Knecht Ruprecht was drauf mit dessen Rute.
Er hieß ihn einen Blödmann, was ich ungern erwähne.
Die beiden saßen vorerst in Quarantäne.

Erst in zwei Wochen waren die zwei wieder frei.
Bis dahin war der Nikolaustag längst schon vorbei.
Schade, Kinder, ihr übtet euch so sehr in Geduld.
Wenigstens wisst ihr nun: Knecht Ruprecht war schuld!

Weihnachtsvorbereitungen

Weihnachtsendspurt – was muss ich noch kaufen?
Nur noch vier Tage, um hektisch durch die Läden zu laufen.
Was jetzt erst bestellt wird,
                    wird vor dem Fest nicht mehr kommen.
Da ist schon manch Wunscherfüllung verglommen.

Doch fällt mir plötzlich ein großer Stein vom Herzen
und die Erleuchtung kommt gleich vieler
                                brennender Kerzen.
Wir haben uns schließlich letztes Jahr vorgenommen,
dass wir voneinander keine Geschenke mehr bekommen.

Wir haben nämlich alles. Was brauchen wir mehr?
Und stressfrei macht Weihnachten
                        doch gleich viel mehr her.
Aber noch immer sitzt uns
                    der Geschenkewahn in den Genen,
auch weil wir uns nach einer kleinen Winzigkeit sehnen.

Und drum habe ich natürlich auch eine Kleinigkeit
heimlich besorgt und bin somit bereit,
sollte man mich beschenken, die Geste zu erwidern.
Alte Traditionen sitzen halt lang in den Gliedern.

Etwas derberer Weihnachtswunsch

Mein lieber, lieber Nikolaus,
ist mir scheißegal, ob du Santa Claus
oder Rudolph oder sonst wie heißt.
Ich will nur, dass du ein Präsent zu mir schmeißt:

Einen knackigen Kerl – drum pass etwas auf.
Ich hätt' ihn gern unverletzt und wohlauf.
An Weihnachten wird er dann ausgepackt,
also die Klamotten auch weg, denn ich will ihn nackt.

Nun halte mich aber bitte nicht für ein Flittchen.
Ich will ja nur ein einziges Sahneschnittchen.
Der Typ soll mich verwöhnen nach Strich und Faden.
Als erstes werden wir gemeinsam baden.

Danach werden wir uns auf dem Sofa räkeln
und Schweinkram machen, ohne uns zu ekeln.
Ich schätze, dass ich ihn über die Feiertage
aktiv in der Kiste ganz gut vertrage.

Dann sei so gut und hol ihn wieder ab.
Vermutlich ist er dann ziemlich schlapp.
Ich mag ihn aber nicht in die Tonne stecken.
Was würden die Nachbarn sagen, wenn sie ihn entdecken?

Zum Schluss noch eine kleine Rechtsbelehrung:
Falls es nicht klappt mit der Bescherung,
bilde dir nur nicht ein, du könntest den Job übernehmen.
Mit dir in der Wanne, da würde ich mich glatt schämen.

Deine weißen Haare würden den Abfluss verstopfen
und der Schaum würde dir aus dem Barte tropfen.
Für ein Sahneschnittchen bist du zu korpulent.
Also schwing deine Hufe, bei mir wird nicht gepennt.

Und nimm die Rentiere mit, die die Hecke abbeißen
und den Vorgarten mir gerade auch noch zuscheißen.
Sonst werde ich dir natürlich gerne verraten,
was es zum Festmahl gibt, nämlich Rentierbraten.

Frohes Fest, mein lieber Santa Claus,
vielleicht bist du ja der Nikolaus.
Dann schicke nur gleich den Krampus zu mir.
Ich glaub', der kann auch wie ein wilder Stier.

Always Those Vanities

The halls were decked, the mistletoe hung.
Reindeer Rudolph and the other reindeer had wrung
against each other. They quarreled who Santa loved more.
They were mad at each other like never before.
Rudolph brought down his antlers and ran at full speed.
He was furious, angry, and wild indeed.

Meanwhile Santa was waiting outside in the sleigh.
He said, »Hurry up, we're already late for today.«
»Excuse me«, answered Rudolph.
                              »To whom do you speak?«
»With all of you reindeer. None of you is unique.«
Now Rudolph was instantly royally pissed.
How could it happen that Santa
                    Rudi's bright red nose missed?

»Oh, shit«, Rudolph thought,
                    »I assume Santa's going blind.«
Yes, he was indeed a friend of a special kind.
He whispered with all his reindeer dudes:
»Boys, let's forget for a moment our moods.
Santa's going blind. I can see the beginning.«
But what he missed, was that Santa was secretly grinning.

Immer diese Eitelkeiten

Geschmückt alle Säle, die Mistelzweige hingen,
während Rudolph und die anderen Rentiere ringen
mit- und gegeneinander. Sie waren im Zwist,
denn jeder glaubte, dass er der Liebling von Santa ist.
Rudolph senkte den Kopf, sein Geweih ragte nach vorn,
und dann stürmte er los in seinem heiligen Zorn.

Santa Claus aber wartete draußen im Schlitten.
Er sagte: »Beeilt euch, wir sind schon spät.
                              Also, darf ich bitten?«
»Verzeihung«, sagte Rudolph, »wer von uns ist gemeint?«
»Na, jeder. Ihr seid doch alle gleich, wie mir scheint.«
Da war Rudolph erst recht so richtig angepisst,
denn Santa übersah die rote Nase,
                              die im Gesicht bei ihm ist.

»Ach herrje«, dachte Rudolph, »Santa ist wohl erblindet.«
Aber er ist auch ein Freund, wie man selten einen findet.
Und so flüsterte er mit seinen Rentierkameraden:
»Kumpels, lasst uns mal kurz unsren Streit begraben.
Santa erblindet. Ich erkenne die Zeichen.«
Doch Santas Grinsen konnte das eitle Tier nicht erreichen.

Advent 2.0

Advent, Advent,
ein Rentier flennt.
Es liegt kein Schnee draußen vor der Tür,
drum sagt Santa Claus: »Dieses Jahr bleiben wir hier!«

Die Händler bleiben auf ihrer Ware sitzen.
Das Geschäft geht schlecht, sie kommen ins Schwitzen.
Davon wird es noch wärmer. Wir müssen uns beeilen,
das ganze Glump einkaufen und selber verteilen.

Aber wenn so viele Transporter fahren
und wir nicht an Benzin und Diesel sparen,
dann ist das doch wirklich kontraproduktiv
im Vergleich, wenn nur wo ein Rentier lief.

Also kommt ein Vorschlag, der ist auch nicht ohne:
Wir schenken Santa Claus eine Schneekanone!
Dann kann er wieder auf den Kufen gleiten
und wir werden die Weihnacht künftig so bestreiten.

Advent, Advent,
ein Rentier rennt,
erst eins, dann zwei, dann drei … - Doch o weh,
das geschmolzene Eis bildet einen riesigen See.

Schon wieder kommt ein Vorschlag daher:
Wir legen eine Stromleitung bis ins nördliche Meer.
Mit Solarkraftwerken, die wir in der Wüste errichten,
werden wir im Norden die Eisschrankmenge verdichten.

Ja, wir kühlen das Meer auf diese Weise,
so lange, bis es am Nordpol wieder vereise.
Dann kann Santa Claus den Schlitten mit den Geschenken
und den Rentieren wieder zu uns lenken.

Advent, Advent,
so wie man ihn kennt,
ist mit all seinen Kerzen ab sofort vorbei,
denn alles, was brennt, produziert CO_2.

Der Brauch wird gebraucht

Jedes Jahr 'nen Weihnachtsbaum ...
Die Menschen haben echt Vertrau'n,
dass die Betreiber von Weihnachtsbaumplantagen
Tricks kennen, dass die Weihnachtsbaumtonnagen
jedes Jahr nachwachsen in großer Zahl.
Sonst heißt es mit den Wäldern »Es war einmal ...«.

Manche Leute im Wald sich ein paar Äste stibitzen
und daheim einen Do-it-yourself-Baum schnitzen.
Auf den sind sie besonders stolz.
Mit etwas Glück hält auch das Holz
ein paar Jahre, wenn man es grün anstreicht.
Solcherart die Deko viel länger reicht.

Hätten all die Menschen, die von Weihnachtskram leben,
also auch die, die Xmas-Sticker kleben,
die Christbaumkugelbläser, die Lamettaschneider,
die Holzhacker, die Strohsternverkaufsstandbetreiber,
keine Christbäume mehr, was dann wohl bliebe?
Nun, dann wäre Weihnachten
                     für zahlreiche Leute recht trübe.

Heiner fieselt am Zeh

(Melodie »Leise rieselt der Schnee«)

Heiner fieselt am Zeh
von Uschi, die am Kanapee
mit ihm einen Porno anschaut.
Die beiden sind ziemlich versaut.

Im Wohnzimmer ist es schön warm.
Der Heiner hält die Uschi im Arm.
Sie kuscheln und dann treiben sie's wild.
Erst kommt der Sex und dann wird gechillt.

Die beiden fanden das schön,
doch Heiner muss wieder geh'n.
Er hat nur für zwei Stunden bezahlt.
Das war's wert, weil die Uschi jetzt strahlt.

»Ach, bleib doch noch ein bisschen bei mir«,
sagt die Uschi dann an der Tür.
»Du kriegst 'nen Nachschlag, der kostet auch nix.«
Schon war Heiner aus den Klamotten ganz fix.

Tradition im Wandel

Santa Claus war es allmählich leid.
Nie konnte er in einem Sommerkleid
aus Spitze und mit Pailletten geschmückt,
mit Spaghettiträgern und Schleppe bestückt,
auf Plateau-Stilettos die Geschenke verteilen.
Es war kalt im Winter, und er musst' sich beeilen.

Also fasste Santa Claudia einen Plan.
Sie überlegte:»Ich fange schon im Sommer an.
Dann hab' ich mehr Zeit und warm ist es auch.
Der Mensch wird moderner, so dass mancher Brauch
durchaus ein Lifting vertragen könnte.
Oder höre ich auf und gehe in Rente?«

Die Rentiere waren auch längst unzufrieden.
Sie haben jedoch ein Nörgeln vermieden,
denn sie hatten vor ewiger Zeit einst geschworen,
weil sie für die edle Aufgabe auserkoren,
sie würden immer, ja immer ihre Pflicht erfüllen.
Andernfalls würde man sie als Rentiersteak grillen.

Doch nun, da Santa sich geoutet als Transperson,
erwarteten die Rentiere Absolution.
Das Laufen über tauenden Permafrost
geht sehr auf die Gelenke. Lieferung per Post
oder Kurierdienste ist doch inzwischen üblich.
Ruhestand im Gnadenhof klingt nicht betrüblich.

Also sagte Rudolph als Sprecher für alle Rentiere
zu Santa: »Claudia, bevor den Mut ich verliere,
möchte ich dir sagen, dass wir voll hinter dir stehen,
solltest du tatsächlich in Rente gehen.
Du müsstest uns nur in aller Form entlassen
und einen Schrieb zum Schutz für uns Veganer verfassen.«

Santa Claudia stand im Bad, wo sie sich rasierte.
Dann duschte sie, weil sie leicht transpirierte.
Und sie sprach zu Rudolph: »Ihr werdet erhört.
Doch mir sei auch eine Bitte gewährt.
Ich möchte auf eine kleine Abschiedstournee gehen.
Das werdet ihr sicher alle verstehen.«

So geschah es. Santa Claudia mit ihrem Schlitten
kam auf Rudolph mitsamt dem Gespann angeritten.
Dummerweise wurde sie in ihrem Glitzergewand
von keinem einzigen Kind unterwegs erkannt.
Enttäuscht und traurig kehrte sie wieder zurück.
Die Päckchen brachte DHL dann später zum Glück.

Santa Claudia im zweiten Jahr

Die Weihnachtstranse, Santa Claudia,
war letztes Jahr schon einmal da.
Ihr Debut war leider daneben gegangen,
denn die Kinder konnten mit ihr nichts anfangen.

Da war Santa Claudia verdutzt.
Das folgende Jahr aber hat sie genutzt,
um ihr Xmas-Outfit neu zu definieren
und den roten Mantel mit Swarovski-Strass zu verzieren.

Auch Glitzerstiefel hat sie sich zugelegt,
weil man sich mit denen im Winter auch gut bewegt.
Ihre beste Styling-Idee, die war hammerhart.
Sie knüpfte aus Lametta sich einen Bart.

Solcherart verkleidet stand Claudia vorm Spiegel.
Am liebsten hätte sie jetzt noch Engelsflügel.
Doch da sagte Rentier Rudolph:
                                     »Du sollst nicht übertreiben.
Das mit den Flügeln, das lässt du lieber mal bleiben.«

»Was hältst du dann davon, eure Geweihe zu schmücken
und mit Hunderten von LED-Leuchten zu bestücken?«
Da fragte Rudolph: »Aber haben das nicht schon alle?«
Und Claudia antwortete:
                                     »Ich will das toppen in jedem Falle.

Wenn ihr fliegt, müsst ihr noch Glitzersterne pupsen.«
»Äh, Claudia«, begann Rudolph, die Santa-Frau zu stupsen.
»Du vergisst wohl, du hast uns für alle Zeit
von unsren Pflichten als Schlittenzieher befreit.«

»Ey, Rudolph«, hat Claudia das Gesicht dann verzogen.
»Du bist putzig und naiv. Das war doch gelogen.
Mir ist auf die Schnelle nichts andres eingefallen.«
Dem Rentier sich sogleich alle vier Hufe ballen.

Dann hat es Santa Claudia zwei blaue Augen getreten
und eine aufgeplatzte Lippe, die die Elfen dann nähten.
Deshalb hat die Weihnachtstranse
                          mit Sonnenbrille und Lamettabart
dieses Jahr den Geschenkeschlitten selber gekarrt.

Dieser Anblick wurde zigmal im Netz geteilt.
Santa Claudia seitdem schmollend zuhause verweilt.
Sie wird wohl künftig auf Weihnachten ganz verzichten.
Irgendwie schade. Worüber soll ich denn dann berichten?

Adventsgedicht

Der vierte Advent ist beinah vorbei
und damit die Vorweihnachtsvöllerei.
An den Feiertagen, dem Weihnachtsfest,
gibt man sich beim Essen noch mal den Rest.
Zum Jahreswechsel wird eher mehr gesoffen
und für nächstes Jahr ist noch alles offen.
Es gibt schließlich mehr als Trinken und Essen.
Das scheint man im Advent recht gern zu vergessen.

O Tannenbaum

O Tannenbaum,
war das dein Traum,
nach kurzem Leben
dich hinzugeben
für diese eine Nacht,
so hübsch gemacht?

Was sagt nun die Meise,
die ihre Kreise
zieht über dem Stumpf?
Sie fragt: »Wo ist der Rumpf?«

Sie schraubt sich in die Lüfte Stück für Stück,
bekommt von dort oben einen Überblick.
Dann sieht sie, der ganze Tannenbaumwald ist leer.
Davon wird ihr das kleine Meisenherz schwer.

Geistesblitz!
Hilft ja nichts!
Weitergeflogen,
links abgebogen.
Dort stehen Fichten.
Die müssen 's jetzt richten.

Wie aus den eiligen vier
die heiligen drei Könige wurden

Vier Könige aus dem Morgenland
sind hektisch durch die Wüste gerannt.
Es hieß, ein Kindlein würde demnächst geboren,
das wäre als Heiland auserkoren.

Dem wollten sie möglichst gleich nach der Geburt
als erste huldigen. Deshalb auch der Spurt.
Sie packten rasch ein paar Sachen ein
und dann rannten sie los, zu viert im Verein.

Kaspar, Melchior und Balthasar zogen Kamele.
König Nikolaus, sagte: »Keinem Tier ich befehle,
meine Last zu tragen. Ich hab' einen Knecht.
Der macht das aus freien Stücken. Mir ist das auch recht.«

Die vier kamen aufgrund der Hetze sehr flott voran.
Knecht Ruprecht maulte manchmal,
       dass er bald nicht mehr kann.
Da sagten Kaspar, Melchior und Balthasar: »Nein!
Wir wollen nicht die ›Eiligen vier Könige‹ sein.

Den Weg, der vor uns liegt, lieber Nikolaus, den schafft
man auch langsam, Und in der Ruhe liegt die Kraft.«
König Nikolaus aber, dem hat es pressiert,
weil er sonst eine Wette gegen sich selbst verliert.

Er hat geschworen, zur Geburt vor Ort zu sein.
Also maulte er:»Gefährten, dann geh' ich halt allein.«
Knecht Ruprecht musste deshalb mit flottem Schritt
auch weiterhin mit seinem Gebieter mit.

Letztlich waren die beiden drei Wochen zu früh.
Ruprecht fragte:
                »Wo ist das Christkind jetzt, du Obergenie?
Ich bleibe nicht wartend in so 'nem doofen Stall.«
Er bekam einen regelrechten Wutanfall.

»Hör sofort auf, dich jetzt so aufzuführen«,
sagte Nikolaus,»sonst wirst du meine Rute gleich spüren.«
In der Zwischenzeit reisten die andren drei sehr gemütlich.
Sie taten sich an Speis und Trank auch gütlich.

Speis und Trank als gute Gaben mussten sie also streichen.
Sie beschlossen:»Gold, Weihrauch und Myrrhe
                                    werden schon reichen.«
Da sagte Kaspar:»Freunde, wisst ihr, was ich grad denke?
König Nikolaus hat wahrscheinlich keine Geschenke.«

Da meinte Melchior:»Soll er halt vom Proviant was geben.
Der gute Wille zählt in diesem Falle eben.«
Und tatsächlich, König Nikolaus verteilte aus dem Säckel
alles, was er noch hatte unter dem Deckel:

Nüsse, Datteln, Äpfel, Orangen, Rosinen.
Es reichte nicht für alle, daher muss man sich's verdienen.
Nur brave Kinder wurden von ihm beschenkt.
Zum Ausgleich er aber jedes Jahr nun
                                    die Menschen bedenkt.

Die andren drei haben sich, das ist allgemein bekannt,
aufgrund ihrer Gaben die»Heiligen drei Könige« genannt.
Sie kamen etwas zu spät. Das war ihnen peinlich.
Doch auch sie kommen jedes Jahr wieder
                        − ohne Geschenke − wie kleinlich.

Xmas-Ablauf

»Was steht an?«
fragt der Weihnachtsmann.
»Sind die Päckchen gepackt?
Steht der Schlitten bereit?
Haben die Rentiere gekackt?«

Der ist vom Glühwein echt breit.
Dann läutet die Glocke,
vom Christkind die Bimmel.
In der Hocke auf dem Bocke
blickt Santa hinab ins Gewimmel.

Um alles zu schaffen,
braucht er jetzt viel Schnee.
Ob die Kinder es raffen,
dass er einen im Tee
hat, dass er high ist, total besoffen?
Manch Geschenk hat den Empfänger am Kopfe getroffen.

»So what? Seid zufrieden,
dass es überhaupt etwas gibt.
Mich juckt's an den Hämorrhoiden.«
Dieses Jahr hat Santa Xmas versiebt.
In der heutigen Zeit ist der Zauber verschwunden.
Da haben sich DHL, UPS und Amazon geschunden.

Alle Jahre wieder und wieder und wieder …

Wenn die weißen Flocken wirbeln
und Weihnachtswichtel sich die Bärte zwirbeln,
wenn's im Magen vor lauter Plätzchen pumpelt
und man mit dem Schlitten vom Dachboden rumpelt,
wenn der Wein im Topfe glüht
und man sich beim Einschenken die Flossen verbrüht,
dann ist wieder diese Zeit im Jahr,
in der man drüber sinniert, wie schön 's früher war.

Dann zieht man die Kinderfotos hervor.
Damals war man noch klein, als man im Chor
diese lästigen Lieder erst musste laut singen,
denn sonst würde das Christkind einem nichts bringen.
Als man bangte, ob man seinen Wunsch kriegt erfüllt,
obwohl das Christkind den Wunschzettel hatte zerknüllt
im Hof hinterm Haus in die Tonne geschmissen.
Echt krass, was wir im Alter noch alles wissen.

Die verkrampften Gesichter auf den Fotografien …
Alter Weihnachtsstress ist vergessen und auch verziehen.
Denn jetzt ist die Zeit, neuen zu bereiten.
Schon im Vorfeld so viele Leute sich streiten.
Schließlich geht es heut' drum, dass alles perfekt
gestaltet und gestylt ist und fantastisch auch schmeckt.
Manchmal denk' ich, ich bin an Weihnachten gerne allein.
Dann redet mir auch niemand in meine Pläne hinein.

Langsame Erkenntnis

Wer ist mir da neulich übern Weg gelaufen,
als ich in der Stadt war zum Geschenke kaufen?
Das Christkind war es. Es sagte, wie gut
mein Tun den einzelnen Händlern tut.

Dann wollte es in meine Tüten schauen.
Ich war misstrauisch, ob es womöglich was klauen
würde. So weit ist's mit mir schon gekommen.
Ich hielt die Tüten ihm hin und fühlte mich beklommen.

Das Christkind prüfte alles mit kritischem Blick.
Dann gab es mir meine Tüten zurück.
Es sagte:»Nun, du unterstützt den Einzelhandel.
Doch ich sehe hier nichts in Sachen Wertewandel.

So viel Plastik an Verpackung und in den Produkten.«
Ob dieser Kritik meine Mundwinkel zuckten.
Dann fuhr es fort:»Das meiste ist China-Ware
oder Kinderarbeit«, was ich ungern erfahre.

»Was soll ich tun?« frage ich in vorgetäuschtem Bemühen.
Ich will eigentlich nur schnell von dannen ziehen.
Es sagt:»Nun ja, der Schaden ist leider schon angerichtet.
Sieh zu, dass ihr künftig auf solchen Scheiß verzichtet.«

Dann verschwand es und ich ging
                    mit meinen Einkäufen heim.
Auf dem Weg ging ich dann in einen Fair Trade Shop rein.
Dort besorgte ich noch ein paar Kleinigkeiten,
um mir zum Fest ein reineres Gewissen zu bereiten.

Und ich gelobte, es nächstes Jahr besser zu machen.
Die Begegnung mit dem Christkind
                    war ein kleines Erwachen.
Vielleicht werde ich mein Handeln komplett überdenken
und künftig nur noch Zeit und Liebe schenken.

Dummerweise geht dann der Handel zugrunde.
Ach, Quatsch! Ich schlage nur eine kleine Wunde.
Doch wenn sich alle Menschen künftig derart verhalten,
dann wird sich die Welt ziemlich umgestalten.

Wertvolle Gaben

Die heiligen drei Könige haben in der Januar-Nacht
dem Jesuskind Weihrauch und Myrrhe gebracht.
Der dritte König brachte Globuli,
doch weil der kleine Jesus gar so laut schrie,
verstanden Maria und Josef nur »Gold«,
und seit damals dieser Irrtum
                    durch die Geschichtsbücher rollt.

Überkommene Tradition

Füße gekappt, Körper verschleppt,
dauerhaft bis zum Ende gehandicapt.
Schnell noch geschmückt, geradegerückt.
»Ach, ist der schön«, ruft die Familie verzückt.
Mit Glitzerkugeln und Kerzen geadelt,
ein trauriger Baum, der alsbald nadelt.

Im Wald vor zwei Wochen noch stand er stolz.
Nun wird er nicht mal mehr Feuerholz.
Bis Dreikönig steht er da, ist angeblich wichtig.
Ist derlei in der heutigen Zeit noch richtig?
Sollte man nicht langsam diese Tradition mal beenden?
Sollte man sich nicht endlich
                    von diesem Blödsinn abwenden?

Vertrackte Geschichte

Advent, Advent,
der Josef kennt
seine Frau, die Maria, schon länger nicht mehr.
Sie hat einen Bauch. An dem trägt sie schwer.
Mollige Frauen findet Josef ganz prächtig.
Aß Maria so viel, oder war sie trächtig?

Das konnte nicht sein. Er hat sie nicht angerührt.
Andernfalls hätte ein anderer sie verführt.
Diese Ungewissheit hat in Josef genagt.
Also hat er sie Mitte Dezember gefragt.
Sie aber sagte, sie sei bei keinem Mann gelegen.
Zu einer weiteren Aussage konnte Josef sie nicht bewegen.

Am 24. Dezember war es soweit.
Maria vor Schmerz in den Wehen schreit:
«Gott, hilf mir, steh mir bei bei dieser Geburt
und sag Josef, ich hab nicht herumgehurt.
Erklär ihm, wie dein Sohn ist in mich gekommen.
Ich erinnere mich nämlich nur sehr verschwommen.»

Waren da K.O.-Tropfen gar im Spiel?
Aber nein! Das ist doch nicht Gottes Stil.
Der kann haben, wen er will, gleich welchen Geschlechts.
Und auch völlig ohne Ich-will-nicht-Gekrächz.
Doch wieso nahm sich Gott eine Jungfrau zur Paarung?
Die hatte doch nicht die geringste Erfahrung.

Welch ein Glück, dass Josef diesen Stall hat gefunden,
in welchem Maria hat Jesus entbunden.
Allerdings war er auch echt angepisst,
weil Marias Sohn nicht sein eigener ist.
Gott aber schickte ihm Arbeit in Hülle und Fülle.
Da war keine Zeit mehr für Fragen in der Familienidylle.

Es kamen Könige, die brachten reiche Gaben.
Der kleine Jesus wuchs zu einem prächtigen Knaben.
Und Gott schickte auch einen Vergessenszauber.
»Ich bin sein Vater«, sprach Josef. Das glaubt' er
tatsächlich. Selbst Maria war zufrieden.
Nur Jesus war ein schlimmes Schicksal beschieden.

Advent, Advent,
ein Happyend
hat diese Geschichte leider nicht.
Deshalb ist das ein trauriges Gedicht.
Ist echt schräg, was die Menschen alles feiern.
An Ostern machen sie das sogar mit bunten Eiern.

Advent, Advent,
ein Hase rennt
in Betlehem von Stall zu Stall.
Er stiehlt Eier und ruft: »Achtung, Überfall!«
Die Obrigkeit verlangte Strafe für den Dieb.
Doch weil man ihn nicht fing, nahm man mit Jesus vorlieb.

Wahre Reue sieht anders aus

(Melodie: »Süßer die Glocken nie klingen«)

Ich weiß schon, was es bedeutet,
wenn von der Glocke ertönt das »Bimbim«.
Ein Ministrant wird dann ausgebeutet.
Ein Pfarrer lehrt ihn Benimm.

Hörst du das Flehen,
wie der kleine Bub weint?
Willst du nicht sehen,
was damit ist gemeint?
Die Stille in der Sakristei
heißt doch nicht, es wär' schon vorbei.

Und stellt das Volk später Fragen,
ob man die Kinder hat damals missbraucht,
unterdrückt die Kirche die Klagen.
In Schweigen hüllt sich die Bischofsdurchlaucht.

Nun wird geschwiegen,
geschwärzt der Bericht.
Die Worte zu verbiegen
beherrscht das Kirchengericht.
Doch was uns am allermeisten entsetzt,
dass die Täter werden grad mal versetzt.

Reformen wären dringend vonnöten,
und dass die Kirche endlich gesteht,
dass das Vertuschen ist ein seelisches Töten.
Das gehört doch schon lang aufs Tapet.

Verurteilt die Täter,
stellt sie vor Gericht.
Diese Glaubensverräter,
so etwas braucht man doch nicht.
Entzieht ihnen all ihre Weih'n.
Die Kirche muss sich von ihnen endlich befrei'n.

O Pannenbaum

(Melodie »O Tannenbaum«)

O Pannenbaum, o Pannenbaum,
wie krumm sind deine Äste.
Du stehst so schräg und auch so schief,
die Tannenspitze hängt ganz tief.
O Pannenbaum, o Pannenbaum,
du warst vom Tisch der Reste.

O Pannenbaum, o Pannenbaum,
du warst kaputt und billig.
Wir schmücken dich mit Glitzerkram,
der für 'nen Euro rüberkam.
O Pannenbaum, o Pannenbaum,
du leidest unfreiwillig.

O Pannenbaum, o Pannenbaum,
wir zünden an die Kerzen.
Das Feuer weht dir ins Geäst.
Du glühst, dann lodert bald der Rest.
O Pannenbaum, o Pannenbaum,
du wärmst uns Füße und die Herzen.

Irgendwie alles beim Alten

Weiße Weihnacht und Tannenbaum,
das ist doch bald nur noch ein nostalgischer Traum.
Die Welt verändert sich, das ist normal.

Wo mal Wälder standen, wird es langsam kahl.
Die Wüste breitet sich mehr und mehr aus.
Dann liegt halt weißer Sand vor unserem Haus.

Und statt Fichten und Tannen – man kann es schon sehen –
wachsen bei uns künftighin die Kakteen.
Auch die sind grün und lassen sich schmücken.

Also alles wie immer, um uns zu beglücken.
Wir sind traditionsbewusst und auch flexibel.
Kann man vor Rührung nicht weinen,
                                nimmt man eine Zwiebel.

Man muss nur seine kleinen grauen Zellen bemühen.
Das wird schon. Wir kommen ohne Wein auch zum Glühen.
Und weil Gänse in dem warmen Klima künftig nicht leben,
wird es zum Fest halt stattdessen einen Geier geben.

Ein Hoch auf die Weihnacht und die Tradition!
Das Fest übernimmt jetzt die Klimawandel-Generation.

Freuet euch, 's ist Weihnachtszeit

Das Jahr neigt sich dem Ende zu.
's ist stade Zeit. Jetzt herrscht die Ruh'.
Man singt, wie man das hier so kennt,
viermal am Sonntag "Advent, Advent",
dann kommen als Krönung der Besinnlichkeit
die Feiertage der Weihnachtszeit.

Die Familie stellt sich nach und nach ein
im festlich geschmückten Großelternheim.
Den Enkeln das erregte Geschenkeherz pocht,
während die Oma noch in der Küche kocht.
Die Kinder, ein ziemlich verzogener Haufen,
lassen sich derweil voll mit Glühwein laufen.

Nach dem Weihnachtsliedsingen beginnt das Quengeln.
Groß und Klein müssen sich um den Esstisch drängeln.
Der biegt sich wie üblich vor Leckereien.
Zwei Kinder fehlen. – Die sind noch beim Speien.
Dann wird getafelt, getrunken, gegessen,
geredet, gestritten, wie immer beim Essen.

Doch Oma ist glücklich, denn es ist ja wie immer.
Würde niemand mehr kommen, das wäre viel schlimmer.
Die Geschenke gibt's zum Schluss.
                                Vorher wird keiner fliehen.
Es gibt ein Auspackritual, um alles in die Länge zu ziehen.
Kaum ist das letzte Päckchen ausgepackt,
wird von jedem schnell alles eingesackt.

»Schön war's, wie immer, wir müssen jetzt gehen,
zur Party mit Freunden, ihr werdet verstehen.
Wir sind schon spät dran. Bitte seid nicht böse.«
Und dann verschwinden alle mit lautem Getöse.
Aus dem Treppenhaus hört man noch vergnügtes Lachen.
Tür zu. – Dann ist die Oma einsam am Saubermachen.

Der Zahn der Zeit
(Melodie »Leise rieselt der Schnee«)

Leise rieselt das Haar
und wo grad noch eines war,
wölbt sich das Haupt blank und leer.
Das betrübt mich ja sehr.

Dunkel aber wächst mir der Bart.
Das ist bitter und hart.
Denn die Haare, die verblieben am Kopf,
sind ein dünner weiß-grauer Schopf.

Auch die Zähne – welch ein Graus -
fallen mir nach und nach aus.
Bissig aber bleibe ich noch.
Das verhindert im Gebiss auch kein Loch.

Das Alter nagt überall.
Spaß macht er nicht, der Verfall.
Marode Gelenke und Fett
am Bauch und am Po sind nicht nett.

Das Schnaufen bergauf fällt mir schwer.
Nichts mehr los auch beim Geschlechtsverkehr.
Recht bald wohl beginnt die Demenz
zeitgleich mit der Inkontinenz.

Versichert aber bin ich recht gut.
Macht das Angst mir oder doch eher Mut?
Vielleicht kommt's nicht so schlimm und nicht so bald.
Dann wäre ich noch rüstig, wenn auch alt.

»Gut versorgt« schließt die Rente mit ein.
Die Mindestrente aber ist zu klein.
Warum hat man das nicht früher erklärt?
Wir hätten uns doch viel schneller gewehrt.

So wird man im Alter noch klug,
wenn man kapiert, dass man nicht hat genug.
Wie gut, dass ich davon früh geträumt.
So habe ich doch nichts versäumt.

Neue Weihnachtslieder
(Die zwölf Songs des Klimagipfels)

Advent, Advent,
die Sonne brennt.
Erst zehn, dann hundert, dann tausend Grad,
dann schmilzt im Stollen das Orangeat.

Oh Tannenbaum, oh Tannenbaum,
wie braun sind deine Blätter.
Du nadelst in der Sommerzeit,
denn es herrscht nur noch Trockenheit.
Oh Tannenbaum, oh Tannenbaum,
was haben wir nur für Wetter?

Es is scho bald z' Mittag, es is scho boid hoaß.
De Hitzn brennt sakrisch, wia jedermo woaß.
Wia war 's doch schee zapfig in früherer Zeit.
Aba heid is so hoaß, dass ma beim Schwitzn laut schreit.
Hei hei hei hei, d' Sunna brennt, dass 's a Sünd.

Ich träum' von einer heißen Weihnacht.
Das ist der neue schlimme Traum,
wo die Gletscher schmelzen
und wir geh'n auf Stelzen,
weil uns das Wasser steht zum Saum.

Die Weihnachtsbäume lichterloh brennen.
Der Wald glüht festlich, hell und wild.
Die Weihnachtsbaumverkäufer bitterlich flennen.
Sie hatten von der Weihnacht ein anderes Bild.

Vom Himmel hoch, da kommt sie her,
die Sonne, die da brennt so sehr.
Sie brennt so sehr, sie brennt so heiß.
Wir alle zahlen diesen Klimapreis.

Leider rieselt kein Schnee.
Es ist heiß, man zeigt Dekolleté.
Man braucht zum Streuen kein Salz.
Die Vögel beginnen die Balz.

Ihr Gletscher, oh fließet, oh fließt nur ins Tal.
Oh schmelzt und vereint euch zum Wa-asserfall.
Und dann seht, wo ihr in dieser hochheiligen Nacht
habt Muren und Tod in die Täler gebracht.

Kling, Glöckchen, klingelingeling!
Kling, Glöckchen, kling!
Kommt heraus, ihr Kinder.
Es ist so warm im Winter.
Öffnet nur die Türen,
um die Hitze hier zu spüren.
King, Glöckchen, klingelingeling!
Kling, Glöckchen, kling!

Schneeflöckchen, Weißröckchen,
dich gibt's bald nicht mehr,
aufgrund der Klimaerwärmung.
Wir vermissen dich sehr.

Wo ist nur der Schnee?
Wieso ist es so warm?
Ausgetrocknet ist der See.
Das Klima schreit: »Alarm!«
Die Feuerglocke klingt,
weil das trock'ne Land verbrennt.
Man hofft, der Nikolaus bringt
Regenwasser im Advent.
Sonnenschein, Sonnenschein, Sonne überall.
Ganz Grönland schmilzt,
es bildet sich ein Riesenwasserfall. Hey!
Sonnenschein, Sonnenschein, Sonne überall.
Auch die Arktis schmilzt,
bald haben wir an den Küsten einen Wasserschwall.

Alle Jahre wieder
wird es warm und lind.
Die Sonne brennt hernieder,
weil das Wetter spinnt.

Vorweihnachtsstress

Erster Advent.
Von Heiligabend trennt
mich fast vier Wochen Zeit.
Bin noch nicht bereit.
Doch zum rechten Gelingen
sollt' ich mich in die richtige Stimmung bald bringen.

Zweiter Advent.
Die Zeit, sie rennt.
Hab' noch keinen Plan.
Ich bin nicht spontan.
Ich sollte jetzt etwas mehr mit mir ringen
und mich in adventliches Gemüt endlich schwingen.

Dritter Advent.
Der große Event
kommt immer näher.
Bei mir läuft's grad zäher.
Schon höre ich die ersten Glöckchen klingen,
doch mir ist noch nicht nach »O Tannenbaum« singen.

Vierter Advent.
Die Hütte brennt.
Ich will noch immer nicht Plätzchen backen.
Ich werde das Fest wohl kolossal verkacken.
Ich sollte jetzt in die Gänge schnell springen,
dann könnten die Feiertage doch noch gelingen.

Fünfter Advent.
Jetzt hab' ich's verpennt!
Nix Stollen, keine Geschenke,
keine Stimmung! Ich denke,
ich beginne, mich endlich aufzuschwingen.
Dann sollte Weihnachten
                nächstes Jahr nicht mehr misslingen.

Die Sache mit dem Gold

Der Ritt der drei Könige durchs Morgenland
war lang und beschwerlich, das ist bekannt.
Sie waren wochenlang unterwegs.
Der Kamelsattel drückte im Hintern stets,
besonders der Sattel von Balthasar,
der nicht aus Leder, sondern hölzern war.

Balthasar erwischte zu seinem Unglück
beim Sattler nämlich das Ausstellungsstück,
das dieser als Muster in der Auslage hatte.
Die von Melchior angebotene Watte
löste sich schnell auf, weil Balthasar schwitzte.
Es war noch nie gut, wenn man Watte feuchtwarm erhitzte.

So war Balthasar bald ziemlich angefressen.
Hingegen Caspar ist ohne Sattel auf dem Höcker gesessen.
Er sagte: »Ich lass' mir die Eier massieren.
Das solltest du, Balthasar, auch mal probieren.«
Doch dieser tat den anderen beiden kund:
»Das bringt nichts. Ich bin unten herum schon wund.«

Da haben Caspar und Melchior unumwunden
Balthasar bäuchlings übers Kamel gebunden.
Solcherweise sind die drei durch die Wüste gezogen
und in Betlehem zum Stall abgebogen.
Balthasar war es peinlich, doch mit Gold und Geld
sorgte er dafür, dass man darüber die Klappe hält.

Weihnachtsbäckerei

Was ist an einer Tüte Plätzchen schon dran?

Ein Vanillekipferl, ein Stück Marzipan,
ein Lebkuchenherz, ein kleiner Stollen,
aromatisierte Spritzgebäckrollen,
eine kleine, saftige Kokosmakrone,
ein Keks mit der Zutat Tonka-Bohne,
ein Haselnussbatzen, Schoko-Walnuss-Konfekt.
Einen Husarenkrapfen hab' ich auch entdeckt,
und ganz unten, bedeckend den Boden der Dose:
haufenweise Krümel. Die liegen dort lose.

Wie viele Stunden hat man dafür wohl gebacken?
Mehl gesiebt und Nüsse zerhacken?
Eier getrennt, Butter zerlassen,
Gewürze sortiert, je nachdem, wo sie passen?
Gerührt und geknetet, gewalzt und gehäufelt?
Geformt, ausgestochen, Rum reingeträufelt?
Gelagert, sortiert und Tüten geschichtet?

Gewiss länger als ich dies Gedicht hier gedichtet.

Und bekommt man so eine Tüte, freut man sich wie toll
und schlägt sich auf einmal den Ranzen voll,
weil man dem Süßkramrausch ganz plötzlich erlag.
Ich aber genieße nur ein Stück jeden Tag.

Es ist ein Ross entsprungen

(Melodie »Es ist ein Ros entsprungen«)

Es ist ein Ross entsprungen
aus einem Pferdestall.
Die Flucht ist ihm gelungen
beim allerersten Mal.
Es wieherte gar laut,
bevor 's den Stall verlassen.
Hat sich nicht umgeschaut.

Das Rösslein, das ich meine,
das war kohl-Rappen schwarz.
Es hatte krumme Beine.
Gehänselt, ja, das ward 's.
Da fasst' es den Beschluss:
»Hab' hier nichts mehr verloren.
Mit dem Verdruss ist Schluss.«

Es blieb zurück alleine
des Rössleins Kamerad.
Der sprach: »O bleib, ich weine
sonst bitter desperat.«
Das Ross blieb ungerührt,
wonach die Tränen flossen,
was zur Überschwemmung hat geführt.

Der Stall war unter Wasser,
ertrunken alles Vieh.
Der Gutsherr wurde blasser:
"Das glaubt man mir doch nie!"
Aus bitterlicher Wut
hat er das Ross erschossen.
Das lag nun in seinem Blut.

So singen wir all »Amen!«
ob dieser Moritat
zu dem wilden unfolgsamen
Ross, das ermordet rabiat.
Ja, so kann es ergeh'n,
hat man nur krumme Beine.
Man hat 's nicht kommen seh'n.

Der Monat nach Weihnacht

Es war im Monat nach Weihnacht'
und nichts mehr im Schrank
passt mehr, kein Stück Kleidung,
das macht mich ganz krank.

Die Plätzchen, der Stollen,
der Punsch und die Gans ...
Mir hängt jeder Feiertags-
schmaus um den Wanst.

Die Waage zeigt gnadenlos
nur hohe Zahlen.
Jeder Schritt bereitet mir
endlose Qualen.

Welche köstlichen Mahlzeiten
hatt' ich bereitet!
Und nun wird mir der kleinste
Genuss schwer verleidet.

Kein Wein mehr, kein Käse,
kein Brot, kein Gebäck.
Hätt' ich früher gesagt nur,
»Ach, nehmt das Zeug weg.«

Also hängen die Speckschichten
mir um den Bauch,
und weil nichts mehr passt,
ich jetzt unter gleich tauch'.

Ich sag' mir die Wahrheit,
wie ich es nur kann:
»Versteck' dich im Winter,
verkleid' dich als Mann.«

Hinfort mit dem letzten Rest
Sauercreme-Dip,
dem Früchtebrot, Kuchen,
dem Erdnussflip.

Alle Lieblingsgerichte
muss ich ab sofort meiden.
Bis das Übergewicht weg ist,
mich kasteien und leiden.

Kein Stück Schoki, nicht mal lecken
aus Nostalgie.
Stattdessen nur knabbern
am Sellerie.

Keine Pfannkuchen mehr,
keinen Braten oder Speck.
Heulend nage ich Karotten
für den einzig guten Zweck.

Ich hab' Hunger, ich bin einsam,
mir ist langweilig sogar.
Ja, so ist der Lebensinhalt
jedes Jahr im Januar.

Bin nicht fröhlich, nein, ich weiß schon
fast nicht mehr, wie so was geht.
Doch ich wünsch' ein frohes Jahr euch
und Erfolg bei der Diät!

Alle Jahre wieder ...

Weihnachten ist ein Familienfest,
von dem mancher besser die Finger lässt.
Wozu soll man sich auch mit Menschen treffen,
mit Eltern, Großeltern, Schwagern, Tanten, Neffen,
mit Leuten, die man das ganze Jahr
im Umgang hält für nicht zumutbar?

Und zum Ende des Jahres, nach einem tollen Lauf,
nimmt man das freiwillig doch in Kauf.
Das ist allgemein irgendwie schizophren,
aber auch ein globales Phänomen.
Fast meinte man, das wäre Schwarmintelligenz.
Ich nenne es die Zwölf-Monats-Demenz.

In dieser Zeit haben nämlich alle verdrängt,
wie sehr sie sich letztes Jahr angestrengt,
um Ruhe und Frieden zu bewahren.
Ein Seiltanz, der sich in sämtlichen Jahren
wiederholt in immer gleicher Choreographie,
eine Gratwanderung der Harmonie-Parodie.

In Erfüllung von dem üblichen Festtagsbraten,
der wie stets ist wieder mal köstlich geraten,
hofft der Koch, die Köchin, das Kochgerät,
auf das, was sich eigentlich von selbst versteht,
auf Lob und Preisung und Dankbarkeit.
Doch meist entsteht hier schon der erste Streit.

Die Veganer fühlen sich zurückgesetzt,
wonach die Vegetarier aufgehetzt
die Allergiker geringschätzig diskriminieren,
weil die doch nur wichtigtuerisch simulieren.
Da lobt man sich Kinder, denen es nicht schmeckt.
Die werden zur Strafe gleich ins Bett gesteckt.

Bescherung gibt es sowieso erst nach dem Singen,
und während die Instrumente noch ungestimmt klingen,
stehen inzwischen fast alle draußen beim Rauchen
und sind für die Stimmung drinnen nicht zu gebrauchen.
Nach dem Öffnen der Geschenke geht das Geheule los,
aber manch ein Wunsch war einfach zu groß.

So hat bis zum Schluss ein jeder gedacht,
wie froh er ist, dass das zu Ende gebracht.
Man nimmt sich vor, nächstes Jahr
                        nicht wieder zu kommen.
Die Verabschiedung verläuft entsprechend beklommen.
Im nächsten Jahr läuft wieder alles wie bisher.
Traditionen zu brechen ist unglaublich schwer.

Wenn mal die großen Geschenke ausbleiben ...

Santa Claus saß mit seinen zahlreichen Elfen
fast das ganze Jahr über beim Kartenspielen.
Im Dezember müssen alle flugs zusammenhelfen.
Es gilt, Päckchen zu packen für die vielen
braven Kinder, die sich auf Weihnachten freuen.

Es wurde viel Glühwein und Punsch getrunken.
So ging die Arbeit flott von der Hand.
Besoffen ist Santa vom Stuhl gesunken.
Seinen Zustand hat keiner beizeiten erkannt.
Nun müssen die Elfen ihn betreuen.

Deshalb bleiben die großen Pakete liegen.
Nur kleine Päckchen werden dieses Jahr gepackt.
Mit vereinten Kräften muss man Santa
auf den Schlitten kriegen.
Beinah hätte der alte Mann das Fest verkackt.
Vor dem Abflug ihn die Elfen richtig fest vertäuen.

Kleiner Kompromiss

Advent, Advent,
ein Rentier pennt.
Es träumt von schmucken Rentierdamen,
die es am liebsten möcht' besamen.
Es träumt von vielen Rentierkindern.

Doch leider ist das Rentier, das pennt,
im Advent saisonbedingt impotent.
Denn Santa Claus braucht es zum Geschenke verteilen.
Da darf kein Rentier bei Rentierdamen verweilen.
Die würden die Auslieferung sonst nur behindern.

Advent, Advent,
das Rentier flennt.
Und erst recht, da heulen die Rentiermädel.
Santa flucht: »Sagt mal, will das nicht in eure Schädel?
Es ist Weihnacht, da sollt ihr eure Triebe kurz stoppen.«

Er fordert Enthaltsamkeit konsequent
von jedem Rentier, sackerment!
Jedem einzelnen tätschelt er noch das Geweih
und erwähnt, die Weihnacht wär' doch bald schon vorbei.
Dann sagt er: »Ihr könnt das ganze Jahr noch poppen.«

Advents-Potpourri

Advent, Advent,
ein Rentier flennt.
Erst eins, dann drei, dann fünf, dann sieben.
Drum ist Santa Claus zu Haus geblieben.

Leichen liegen im Schnee,
gefroren vom Kopf bis zum Zeh.
Der Gerichtsmediziner im Wald
sagt:»Kein Wunder, es ist ja saukalt.«

Ein unbeholf'ner Gendarm
bricht einer Leiche den linken Arm,
als er versucht mit Gewalt,
in den Sarg zu tun die steife Gestalt.

Das hat echt grausig gekracht.
Dennoch haben alle gelacht.
Später sagte der Oberstaatsanwalt:
»Den hätt' man besser auf den Sarg geschnallt.«

Advent, Advent,
Opa ist inkontinent.
Er schafft es nicht mehr bis zum Klo.
Doch er will keine Windel, er lebt auf Risiko.

Unter der Leiter hindurch ich geh'.
Trotz Aberglauben ist das okay.
Es gab nur einen ganz engen Spalt
und ich hatte einen Helm umgeschnallt.

Es drückte mich etwas im Darm.
Ich lief los und schrie laut: »Alarm!«
Ich erreichte die Bedürfnisanstalt
und dann entlud sich die Naturgewalt.

Zwei Stunden habe ich dort verbracht
und einen riesigen Haufen gemacht.
Nach diesem langen Klo-Aufenthalt
musste ich dann nicht mehr so bald.

Advent, Advent,
ein Bein im Zement.
Erst das linke, dann das rechte und dann noch die Hände.
Ich fürchte, das nimmt kein gutes Ende.

Australische Weihnacht

Advent, Advent,
der Christbaum brennt.
Ein Zweig, ein Ast, der ganze Rest.
Kinder, das gibt jetzt ein Fest.

»Lalü, Lala!« Die Feuerwehr,
die kommt gleich mit Karacho her.
Drei Tropfen nur, der Schlauch ist schlapp.
Sorry, bei uns ist Wasser knapp.

Down Under sind wir, die Sonne brennt heiß.
Es ist Waldbrandsaison, wie jedermann weiß.
Doch wir lassen nicht von unsren Traditionen.
Der Christbaumumsatz muss sich lohnen.

Über den vorweihnachtlichen Konsumrausch

Eigentlich müssen die Menschen beim Schenken
umweltbewusst allmählich umdenken.
Besonders zur Weihnacht regiert der Konsum.
Da kommt es jedes Jahr zum Kaufrauschboom.
Und danach haben wir – ehrlich, das ist doch krank –
viel zu viel unnützes Zeug im Schrank.

Es folgen Umtauschorgien die Woche darauf.
Wer Geld geschenkt bekam, der rennt selbst zum Kauf.
Dabei ist die allerbeste Geschenkeware
die mit Verfalldatum. Vor allem andren bewahre
man uns, denn all den Schrott werden wir noch vererben,
wenn wir eines Tages an Übersättigung sterben.

Fünfunddreißig Grad im Schatten

(Melodie »Leise rieselt der Schnee«)

Leise tröpfelt der Schweiß.
Die Sonne brennt und es ist so heiß.
Wann wird es wieder mal kalt?
stöhnen wir und stöhnt auch der Wald.

Die Glut, die von oben brennt,
die seit Wochen keine Gnade kennt,
macht zur Wüste langsam das Land.
So was hat man hier noch nicht gekannt.

Im Norden fürchten die Leute,
dass bald hochwandert von hier die Meute.
Also macht man die Fjorde schon dicht,
denn so viele Menschen will man dort nicht.

Würden die Menschen überall sitzen
und wieder beginnen zu schwitzen,
würd' der Meeresspiegel bald steigen
und sich die Landmasse dem Ende zuneigen.

Drum muss man sich frühzeitig wehren
gegen Auswanderer, die mit Fähren
das Land fluten hinauf bis zum Kap.
Die Ressourcen werden langsam echt knapp.

Früher hieß es: Wann wird's wieder Sommer?
Das war mal ein Wunsch, ein recht frommer.
In der Hitze träumt man, mal zu frieren
und einen kühlen Luftzug zu spüren.

Es schmilzt einem langsam die Birne.
Es wird heißer hinter der Stirne.
Man sollte in den Schatten schnell wanken.
Sonst hat man nur dumme Gedanken.

The Missing Link

Advent, Advent, a reindeer is crying.
First one, then three, then five, then seven.
That's why Santa Claus stays at home in heaven.
He has to comfort them. They are so sad.
No presents this year, but is this really so bad?

Advent, Advent, while Santa's asleep
and the reindeer too, there's just one little weep.
This comes from a rabbit laying drunk in the sleigh.
Too much eggnog, and the hangover doesn't go away.

And Santa is dreaming of a nest and a hare
and multicolored eggs - what a nightmare!

After four months of sleep was Santa awake.
The reindeer were gone, he had a headache.
»What a dream!« he said on this Easter Sunday,
but not far away a rabbit was hiding eggs in the hay.

Advent
Advent
Santa hat
verpennt